GELEITWORT

„Laurissa, zu Deutsch: Lorsch.
Es gibt keinen Ort in Deutschland, an dem sich eine ältere Bibliothek als in diesem Kloster befinden dürfte. Ich sah dort ein einzigartiges Exemplar; der Titel zeigte an, dass dieses von der Hand Vergils geschrieben worden sei. Gefunden wurde dort auch das letzte Buch des Ammianus Marcellinus, das bereits veröffentlicht wurde, geschrieben allein in Majuskelschrift."

Sebastian Münster (Cosmographia universalis, Basel, 1550, Buch III, S. 619)

Klöster, zu welcher Religion sie auch gehören, sind immer schon viel mehr gewesen als nur Orte, an denen gebetet und Gottesdienst gefeiert wurde. Im europäischen Mittelalter waren Klöster darüber hinaus Orte, an denen sich auch die weltliche Macht verdichtete. Dort hielten die mittelalterlichen Könige, die noch über keine feste Residenz verfügten und als „Reisekönige" ihr Reich verwalteten, Hof- und Gerichtstage ab. Vor allem aber waren Klöster über viele Jahrhunderte hinweg Konzentrationspunkte des Wissens und der geistigen wie praktischen Kultur. Das Wissen der Benediktinermönche umfasste ein breites Panorama praktischer Fähigkeiten. So wurden bestimmte komplexe Handwerkstechniken, wie das Emaillieren oder die Herstellung von Glas in den Klöstern verfeinert und weitergegeben. Viele Fortschritte in der Landwirtschaft verdankte das Mittelalter der systematischen Arbeit in den klösterlichen Betrieben.

Einen Schwerpunkt der Wissenstradierung bildete die Medizin. In den Klöstern wusste man die Krankheiten der Menschen zu behandeln. Sie waren lange Zeit die einzigen Orte, an denen Kranken Linderung zuteilwerden konnte. Nachdem das medizinische Wissen lange nur mündlich weitergegeben worden war, wurde es im Zuge der Karolingischen Bildungsreform des späten 8. und frühen 9. Jahrhunderts verschriftlicht. Das Reformwerk Karls des Großen führte in den meisten Klöstern des Reiches zur Einrichtung leistungsfähiger Skriptorien (Schreibwerkstätten) und Bibliotheken. Lorsch wurde damals zu einem der großen geistigen Zentren des Karolingischen Reiches. So gilt als einer der ältesten Codices, der das medizinische Wissen des Frühmittelalters versammelt, das sogenannte Lorscher Arzneibuch, eine umfassende, bis heute aktuelle Anleitung, wie Kranke und Krankheiten mit den verschiedensten Heilkräutern zu behandeln sind.

Überall in den Skriptorien der großen Klöster begann man im frühen 9. Jahrhundert, alles verfügbare Wissen systematisch zu sammeln, auf- und abzuschreiben und es von Kloster zu Kloster weiterzuverbreiten. Die Lorscher Bibliothek wurde zu einem der herausragenden Orte, an dem die Kenntnisse und das Wissen der Antike, wie etwa das oben erwähnte Werk des berühmten römischen Dichters Vergil, bewahrt und der Nachwelt überliefert wurden. Die Lorscher Bibliothek wirkte quasi als Transmissionsriemen für das Wissen der Antike in das Mittelalter. Bibliothek und Archiv des Klosters Lorsch bargen zahlreiche bedeutende Schätze. Mehr als 1.150 Orte können ihre erste urkundliche Erwähnung auf den sogenannten Lorscher Codex zurückführen. Akribisch haben die Benediktinermönche über Jahrhunderte alle Schenkungen an das Reichskloster notiert und so die ersten umfassenden Aufzeichnungen zu den Orten und Gemeinden geschaffen, die sich geographisch vom Bodensee bis an die Rheinmündung erstrecken. So weit reichte der Grundbesitz von Lorsch.

◀ Die sogenannte Torhalle ist das einzige aus der Karolingerzeit erhaltene Bauwerk des Lorscher Klosters. Bis heute ist noch immer nicht bekannt, wann genau und zu welchem Zweck das Bauwerk entstanden ist.

Besucht man jedoch das heutige Lorsch, so ist man sehr überrascht: Keine wirkmächtigen großen Bauten, keine weitläufigen Gebäude zeugen mehr von der Macht und der Bedeutung dieser einst so mächtigen Abtei. Klein und wenig bedeutend scheint der Platz der Klosteranlage zu sein. Forscht man nach, findet man aber schnell heraus, dass die einstmals so bedeutende Bibliothek heute über die ganze Welt verstreut ist. Nachdem die Lorscher Büchersammlung wie das gesamte Kloster Mitte des 16. Jahrhunderts durch den pfälzischen Kurfürsten Ottheinrich aufgelöst worden war, ging die eine Hälfte ihrer kostbaren Bücher in die damals wohl berühmteste Bibliothek nördlich der Alpen, die Heidelberger Bibliotheca Palatina, ein. Deren wechselhaftes Schicksal, ihre Überführung nach Rom in den Wirren des Dreißigjährigen Krieges, sorgte dafür, dass die Vatikanische Bibliothek heute etwa die Hälfte der ehemaligen Lorscher Bibliothek beheimatet. Die zweite Hälfte der heute noch existierenden 330 Manuskripte und Fragmente verteilen sich auf fast 70 Bibliotheken in 13 Ländern.

Die historisch enge Verbindung zwischen dem Kloster Lorsch und der Bibliotheca Palatina, als deren Nachfolger sich die heutige Heidelberger Universitätsbibliothek versteht, war eine der beiden Voraussetzungen für ein wissenschaftlich wie organisatorisch überaus ehrgeiziges Projekt: die virtuelle Rekonstruktion der Klosterbibliothek Lorsch und ihre Präsentation im Internet. Die zweite Voraussetzung war und ist die besondere Expertise der Universitätsbibliothek bei der Digitalisierung wertvollster mittelalterlicher Manuskripte. Sie hat in den vergangenen zwölf Jahren ein Digitalisierungszentrum aufgebaut, das in Bezug auf seine apparative Ausstattung und in der Entwicklung der notwendigen Software-Programme Maßstäbe gesetzt hat. Davon zeugen die vielgenutzten elektronischen Angebote der Heidelberger Universitätsbibliothek (vgl. http://hd-historische-bestaende-digital.uni-hd.de).

Das erklärte Ziel dieses Unternehmens, das die Verwaltung der Staatlichen Schlösser und Gärten Hessen und die Universitätsbibliothek seit 2010 gemeinsam betreiben und Ende 2013 abschließen wollen, ist es, die zerstreuten Bestände der Lorscher Bibliothek im Internet zusammenzuführen und damit völlig neue Forschungsmöglichkeiten zu schaffen. Denn nur sehr wenige Wissenschaftler waren bisher in der Lage, die weltweit zerstreuten ehemaligen Lorscher Codices aufzusuchen und zu analysieren. Dabei bündelt sich auf ihren ca. 70.000 Seiten quasi das komplette Wissen des karolingischen Europa wie in einem Brennglas.

Die Broschüre, die Sie, liebe Leserin, und Sie, lieber Leser, hier in Ihren Händen halten, ist eine Einladung zu einer Begegnung mit der Weltkulturerbestätte Lorsch und zu einem Besuch auf unserer Projekt-Webseite: http://www.bibliotheca-laureshamensis-digital.de

Dr. Veit Probst
Universitätsbibliothek Heidelberg

Karl Weber
Verwaltung der Staatlichen Schlösser und Gärten Hessen

INHALTSVERZEICHNIS

VIRTUELLE HEIMKEHR

Bibliotheca Laureshamensis – digital

Bald nach seiner Gründung um das Jahr 764 erlebte das im Bistum Mainz in der Ebene zwischen Rhein und Odenwald nahe Worms gelegene Kloster Lorsch einen rasanten Aufschwung. 765 hatte es Reliquien des Märtyrers Nazarius aus Italien erhalten und nahm dessen Patronat an. Nach der *traditio*, also der Übergabe, der Abtei an Karl den Großen 772 entwickelte sich Lorsch als Königskloster zu einem zentralen Wirtschafts- und Verwaltungsstützpunkt der karolingischen Herrschaft am Mittel- und Oberrhein.

Lorscher Besitzvermerk des 9. Jahrhunderts: *Codex de monasterio s*[an]*c*[t]*i Nazarii, quod nominatur Lauresham* – „Buch aus dem Kloster des heiligen Nazarius, das Lorsch genannt wird"

Damit waren die materiellen Grundlagen gelegt, sich auch zu einem kulturellen Zentrum aufzuschwingen: Von herausragender Bedeutung war hierfür das klostereigene Skriptorium und die systematisch aufgebaute Klosterbibliothek, die mit ihren rund 500 Handschriften zu einem Kristallisationspunkt für die mittelalterliche Wissenskultur der Karolingerzeit wurde. Hier sicherte man in einem immensen Wissenstransfer, der seinen Ursprung vor allem in Italien genommen hatte und von der Klosterkultur getragen wurde, das Erbe nicht nur der Antike für die späteren Jahrhunderte. Angesichts der kulturellen Blütezeit Lorschs unter den Karolingern können wir heute in den Lorscher Codices das geistige Profil des 9. Jahrhunderts fassen und erfahren, was die wenigen gebildeten Menschen dieser Zeit, allesamt Mönche oder Weltgeistliche, gewusst und vor allem für die Überlieferung des tradierten Wissens geleistet haben.

Trotz ihrer überragenden Bedeutung für die mittelalterliche Wissens-, Schreib- und Klosterkultur standen die Lorscher Handschriften bislang nur in wenigen Abbildungen zur Verfügung. Ziel eines seit dem Jahr 2010 gemeinsam von der Verwaltung der Staatlichen Schlösser und Gärten Hessen und der Universitätsbibliothek Heidelberg durchgeführten Projektes ist es, die Bibliothek des zum UNESCO-Weltkulturerbe erhobenen Klosters Lorsch virtuell wieder erstehen zu lassen. Hierzu sollen die erhaltenen und auf fast 70 Bibliotheken und Archive weltweit verstreuten Manuskripte, die im Skriptorium des Klosters Lorsch hergestellt oder in dessen Bibliothek aufbewahrt wurden, digitalisiert und unter einer einheitlichen Oberfläche im Internet präsentiert werden. Daneben werden Beschreibungen der Handschriften erstellt und eine Datenbank aufgebaut, über die die Lorscher Codices, Faszikel und Fragmente unter kodikologischen und inhaltlichen Aspekten systematisch erschlossen und für weitere Forschungen bereitgestellt werden.

Die Zusammenführung der Lorscher Codices und Fragmente ermöglicht es erstmals, die intellektuellen Grundlagen des Klosters und darüber hinaus das Weltbild der Karolingerzeit auf breiter Grundlage zu erforschen. Fragen nach der Entwicklung der Schrifttypen und der Ausstattung der Manuskripte, die Untersuchung ihrer formalen Organisation oder die Konkretisierung der Kriterien für die Zuordnung zum Skriptorium sind nun auf der Grundlage des kompletten Quellenmaterials zeit- und ortsunabhängig möglich.

Die Digitalisierung der Lorscher Manuskripte eröffnete der Universitätsbibliothek Heidelberg außerdem die Möglichkeit, ein weit größeres Unternehmen in den Blick zu nehmen. Als Teil der in den Vatikan überführten Heidelberger Bibliotheca Palatina bilden die Codices Laureshamenses quasi den Nukleus für die Digitalisierung aller lateinischsprachigen Handschriften dieser hochbedeutenden Büchersammlung der Frühen Neuzeit und sind so der erste Baustein auf dem Weg zu einer virtuellen Bibliotheca Palatina.

In dem von der Universitätsbibliothek Heidelberg betriebenen Internetauftritt werden alle im Projekt erarbeiteten Ergebnisse zusammengeführt und präsentiert.

Bibliotheca Laureshamensis digital

Virtuelle Klosterbibliothek Lorsch

KONTAKT

Home
Klosterbibliothek Lorsch
Virtuelle Bibliothek
Suche

Bildergalerie
Glossar
Presse
Nutzungsbedingungen
Projektpartner
Projektbeschreibung
Blog

Bibliotheca Laureshamensis – digital: Virtuelle Klosterbibliothek Lorsch

Ziel des Projektes ist es, die Bibliothek des zum UNESCO-Welterbe erhobenen Klosters Lorsch virtuell wieder erstehen zu lassen. 330 mittelalterliche Handschriften sind heute noch erhalten und auf 68 Bibliotheken weltweit verstreut. Die Zusammenführung der Lorscher Codices und Fragmente ermöglicht es erstmals, die intellektuellen Grundlagen des Klosters und darüber hinaus das Weltbild der Karolingerzeit auf breiter Grundlage zu erforschen.

In kaum einer heute noch rekonstruierbaren Bibliothek des Frühmittelalters wurde eine vergleichbare Syntheseleistung geschaffen. Lorsch war eines der Zentren, in dem über alle späteren Brüche hinweg das Erbe der Antike durch Abschriften gesichert und durch Bearbeitungen zunehmend auch verwandelt wurde. Ein ungeheurer Wissenstransfer wurde in Lorsch nicht nur für die karolingische, sondern auch für die gesamte mittelalterliche Kultur geleistet. Die Lorscher Bibliothek war noch für die Humanisten so interessant, dass die Sammlung zum Kern der Bibliothek des pfälzischen Kurfürsten Ottheinrich, der Bibliotheca Palatina in Heidelberg, wurde und viel zu deren Ruhm beigetragen hat.

Die Virtuelle Bibliothek vereint alle Lorscher Handschriften in Form von digitalen Reproduktionen. Zusätzlich werden in einer projekteigenen Datenbank alle Codices durch ausführliche wissenschaftliche Beschreibungen erschlossen. Die Suche in der Datenbank ermöglicht zum ersten Mal einen umfangreichen und systematischen Zugriff auf das Lorscher Handschriftenerbe.

Das Projekt wird von der Verwaltung der Staatlichen Schlösser und Gärten Hessen finanziert. Die Digitalisierung und die Erstellung der Handschriftenbeschreibungen realisiert die Universitätsbibliothek Heidelberg.

Aktuelles

02.08.2012:
Ausstellungs-Projekt: Die Karolinger und die Bilder
— 0 Kommentare

27.06.2012:
Renaissanceeinbände des 16. Jahrhunderts aus der Bibliothek Ottheinrichs von der Pfalz
— 0 Kommentare

13.06.2012:
Ausstellung: 40 Jahre Welterbekonvention
— 0 Kommentare

24.05.2012:
Neue Handschriften in der Virtuellen Klosterbibliothek Lorsch
— 0 Kommentare

23.05.2012:
Vortrag: Lorsch – Heidelberg – Rom: Zur virtuellen Rekonstruktion der Bibliotheca Palatina
— 0 Kommentare

23.04.2012:
Virtuelle Klosterbibliothek Lorsch in Campus-TV
— 0 Kommentare

Weiteres im Blog ...

UNIVERSITÄTS-BIBLIOTHEK HEIDELBERG

Organisation der Vereinten Nationen für Bildung, Wissenschaft, Kultur und Kommunikation

Kloster Lorsch Welterbestätte seit 1991

HESSEN

© 2011 BIBLIOTHECA LAURESHAMENSIS - DIGITAL | IMPRESSUM | WEBDESIGN

EIN ORT DER FORSCHUNG UND VERMITTLUNG

UNESCO-Welterbestätte Kloster Lorsch

Im Dezember 1991 hoben die Delegierten des Welterbekomitees an geschichtsträchtiger Stätte, im tunesischen Karthago, die Hand. Zum ersten Mal war damals ein europäisches Kulturdenkmal auf die Liste gesetzt worden, dessen wesentliche bauliche Elemente nicht mehr sichtbar und als Bodendenkmal dem Blick des Besuchers entzogen sind. Die sogenannte Tor- oder Königshalle vermochte als vermutlich am vollständigsten erhaltenes Bauwerk aus der Karolingerzeit zu überzeugen; die Begründung für den Welterbestatus schließt aber das Kloster als Ganzes mit ein und erinnert insbesondere an die geistes- und kulturgeschichtliche Bedeutung des Ortes.

Was manchem als Manko erscheinen mag, ist dem anderen eine spannende Herausforderung. Und so gehört es zu den Besonderheiten dieser Welterbestätte, dass im Schatten des immer noch zugkräftigen und einladenden „Mythos Lorsch" wissenschaftliche Fragestellungen, pädagogische Vermittlungsansätze und ein sich ganz explizit mit den Grundideen der Welterbekonvention beschäftigender Ansatz prächtig gedeihen: Seit 1997 finden wieder archäologische Grabungen statt. Bis auf weiteres werden diese Grabungen nur frühere, seit dem Ende des 19. Jahrhunderts durchgeführten Grabungen verfolgen – mithilfe moderner Möglichkeiten lassen sich frühere Interpretationen bestätigen, sie stellen sie aber auch häufig in Frage. Tendenziell nehmen die Fragen zur Bau- und Kunstgeschichte des Klosters eher zu als ab. Im Gegensatz zu den scheinbar gesicherten Ergebnissen der Kampagnen des Archäologen Friedrich Behn der Jahre 1927 bis 1936 wissen wir heute eigentlich nur sicher, dass wir kaum etwas wirklich wissen.

Buntes Außendekor der Lorscher „Torhalle", das aus der Kombination einer römischen Mauertechnik und dem wirkungsvollen Farbwechsel der Bausteine erzielt wurde.

Bei der Bauforschung verhält es sich ähnlich, auch wenn zu hoffen ist, dass der aufgehend erhaltene Bestand historischer Gebäude doch wenigstens Anlass zur Bildung plausibler Hypothesen bieten wird. Insbesondere die sogenannte Torhalle ist, nach einer fast zwanzigjährigen Restaurierung, nun im Rahmen eines von der Deutschen Forschungsgemeinschaft (DFG) geförderten Projektes durch die Technische Universität München im Fokus des gegenwärtigen Interesses: Stein für Stein, Fuge für Fuge werden derzeit untersucht. Diese Forschungen werden helfen, die Bauzeit präziser zu bestimmen.

Seit 1998 wird auch das geistesgeschichtliche Erbe der Abtei, bestehend aus Archiv und Bibliothek, neu bearbeitet. Seither gab es mehrere Handschriftenausstellungen in Lorsch, am spektakulärsten sicherlich die Präsentation des „Lorscher Evangeliars" im Sommer 1999; schon 1992 wurden von allen Bibliotheken und Archiven, die Lorscher Handschriften bewahren, Mikrofilmkopien nach Lorsch gesandt, mit deren Hilfe auch einige Forschungsvorhaben unterstützt werden konnten, die sich weniger mit paläographischen und kunstwissenschaftlichen Anliegen verbanden als mit der Erforschung der Inhalte der Lorscher Bibliothek. Einen gewaltigen Fortschritt für diese Forschungen bildet die gegenwärtige Digitalisierung der Bibliotheca Laureshamensis.

Alle Forschungsergebnisse werden zeitnah veröffentlicht und stehen dann nicht nur der Wissenschaft zur Verfügung. Auch die Gästeführerinnen und -führer können darauf zurückgreifen ebenso wie die Museums- und Denkmalpädagogik, die in Lorsch auf eine annähernd zwanzigjährige Geschichte zurückblicken kann. Als „Lorscher Modell“ wurde sie anlässlich eines Symposiums der Deutschen UNESCO-Kommission im Jahre 2000 geehrt, sechs Jahre später, in Hildesheim, mit dem Walter-Mertineit-Preis ausgezeichnet. Hildesheim ist ein wichtiger Markstein auf dem Weg der nationalen Welterbestätten in die Zukunft. Denn 2006 wurde dort festgehalten, dass Welterbestätten einen eigenen Bildungsauftrag haben – vergleichbar mit einem Museum – und diesen Auftrag mit dafür geeignetem und geschultem Personal, mit didaktischen und pädagogischen Konzepten nachkommen sollen. Grund genug, sich über eine welterbespezifische Konzeption Gedanken zu machen. Seit einem ersten Workshop 2004 ist das Thema „World Heritage Education“ auch Anlass zur Formulierung interdisziplinärer wissenschaftlicher Ansätze. Denn Welterbestätten sind einerseits die idealen Orte, der je eigenen Geschichte nachzuspüren. Im Vergleich bieten sie andererseits die Möglichkeit, der „Idee“ kultureller Errungenschaften als zivilisatorischem Phänomen näher zu kommen.

Das Phänomen „Kloster“ ist dafür ein gutes Beispiel. Viele große Religionen haben zu unterschiedlichen Zeit vergleichbare Einrichtungen hervorgebracht: Askese, Kontemplation, Meditation, die Organisation großer Gemeinschaften, entsprechende ökonomische Absicherungen, aber auch das Phänomen der Schriftlichkeit, einer Memorialkultur, die wichtigen Wechselwirkungen mit der umgebenden Gesellschaft gehören dazu. Seit 2001 arbeitet die Welterbestätte durch Austauschprogramme oder Veranstaltungen an der Zusammenführung aktiver Klöster unterschiedlicher Religionen, die auf der Welterbeliste stehen, zu einem globalen Netzwerk. Müstair in der Schweiz,

Blick über das ehemalige Klostergelände

Kloster Geghard in Armenien und Haein-sa in Südkorea gehören schon dazu.

Und so wird vielleicht verständlich, wofür die Weltkulturerbestätte Kloster Lorsch stehen möchte: Sie will ein Standort aktiver wissenschaftlicher Arbeit sein, ein Ort des Lernens, des Forschens, eine Stätte persönlicher Begegnungen mit der eigenen Kultur und des Aufschlusses für das uns zunächst „Fremde“. Kloster Lorsch soll für eine moderne und innovative Vermittlungsarbeit stehen, die alle Sinne ansprechen und die Beschäftigung mit Geschichte zu einem anhaltenden Erlebnis gestalten möchte. Erst dann kann die Welterbestätte ihrem nobelsten Auftrag gerecht werden: einen Beitrag zu leisten zu einer Kultur des Friedens.

Jede Epoche hinterlässt ihre Spuren: aktuelle Grabungen in der einst zweigeschossigen Infirmerie, der Krankenstation des Klosters.

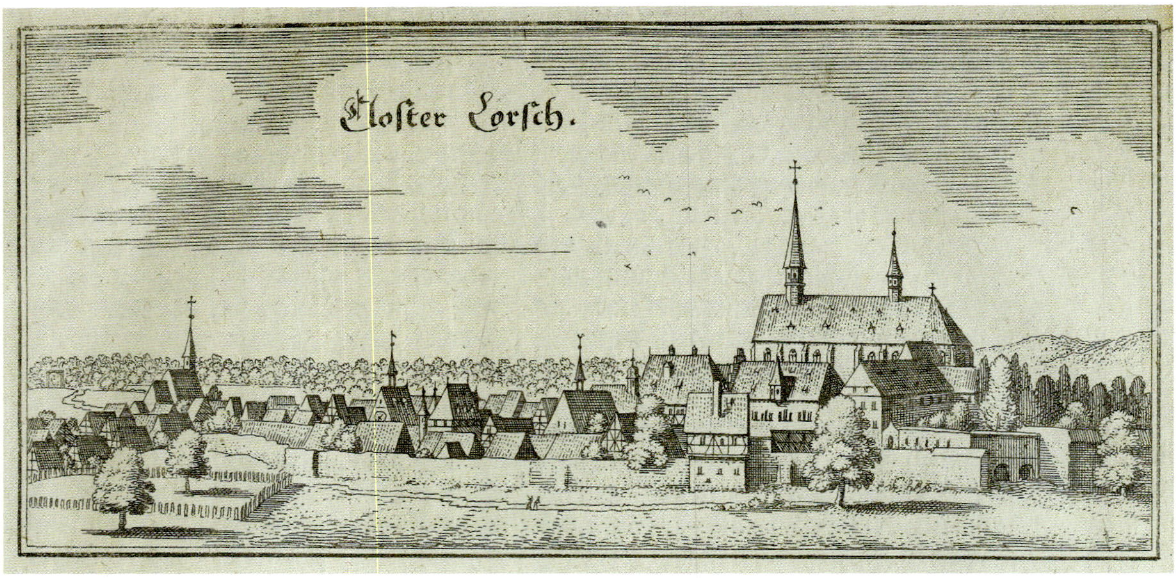

Ansicht des Klosters Lorsch aus Matthäus Merians „Topographia Palatinatus Rheni et vicinarum Regionum“ von 1645

Dicere quid possum de magna laude librorum,
quos sub clave tenes, frater amate, tuo?

VOM SCHREIBEN UND LESEN

Skriptorium und Bibliothek im Kloster Lorsch

Die um 764 gegründete Abtei Lorsch entwickelte sich durch die Einrichtung eines Skriptoriums und den systematischen Aufbau einer Bibliothek zu einem der bedeutendsten Wissenszentren der Karolingerzeit. Die Quellenlage für die karolingische Klosterbibliothek ist außergewöhnlich gut: Vier aus dem 9. Jahrhundert erhaltene Bibliothekskataloge überliefern den Bestand und das Programm der damaligen Büchersammlung und gewähren einen einzigartigen Einblick in die kulturelle Welt des Klosters. Rund 500 Codices waren auf drei Standorte verteilt: Bücher für den Gebrauch im Gottesdienst wurden in der Sakristei verwahrt oder lagen auf den Altären, in der Schule standen die Werke der Grammatiker sowie andere für den Unterricht benötigte Schriften. Im *armarium*, häufig lediglich eine Wandnische oder ein kleiner Schrank, wurde die eigentliche Bibliothek aufbewahrt.

Inhaltlich stellte die Bibliothek mit ihren charakteristischen Sammelgebieten – Theologie, Geschichtsschreibung, Monastik beziehungsweise Aszetik und Schulliteratur – einen umfangreichen Fundus an antiken, spätantiken und frühmittelalterlichen Wissensbeständen dar. Insbesondere der Bestand an altchristlicher und patristischer Literatur erreichte eine Vollständigkeit, wie sie in kaum einer anderen Sammlung zu finden war. Viele für die Überlieferung antiker, spätantiker und frühmittelalterlicher Werke maßgeblichen Codices wurden im Lorscher Skriptorium abgeschrieben oder gehörten zum Bestand der Klosterbibliothek, so dass zahlreiche, sonst spärlich überlieferte spätantike Werke, aber auch antike Schriften und insbesondere Texte der Kirchenväter gerade hier bewahrt und weitergegeben wurden.

Dies gilt zum Beispiel für den berühmten, um 500 in Italien entstandenen und heute in der Biblioteca Apostolica Vaticana aufbewahrten „Vergilius Palatinus“ (Pal. lat. 1631), einen der besten Textzeugen für die Werke des römischen Dichters Vergil. Beachtung verdient auch das „Lorscher Palimpsest“ (Pal. lat. 24), eine Handschrift mit Texten des Alten Testaments. Für seine Herstellung wurden palimpsestierte (wiederbeschriebene) Blätter von zehn spätantiken Codices des 4. bis 6. Jahrhunderts verwendet, unter denen sich zum Beispiel der alleinige Textzeuge für Senecas *De amicitia* befindet.

Welch überragenden Ruf die Klosterbibliothek bereits in der ersten Hälfte des 9. Jahrhunderts besaß, belegen die an den einzig namentlich bekannten Bibliothekar im Lorscher Kloster, Mönch Gerhoh, gerichteten Verse von Hrabanus Maurus (um 780–856), Abt des Klosters Fulda:

Dicere quid possum de magna laude librorum
quos sub clave tenes, frater amate, tuo?
Quicquid ab arce deus caeli direxit in orbem,
scripturae sanctae per pia verba viris
Illic invenies, quicquid sapientia mundi
protulit in medium temporibus variis.

Was kann ich zum großen Lob der Bücher sagen,
die du, geliebter Bruder, unter deiner Obhut hast?
Was immer Gott von seiner Himmelsburg aus
den Menschen auf den Erdkreis
gesandt hat durch die frommen Worte der heiligen Schrift,
was immer die Weisheit der Welt zu verschiedenen Zeiten
hervorgebracht hat, dort wird man es finden.

Hrabanus Maurus, Carmen 23
(MGH, Poetae 2, 1884, S. 187)

Im 10. Jahrhundert verlor das Skriptorium seine herausragende Bedeutung, erfuhr aber unter Abt Udalrich (1056–1075) – trotz des wirtschaftlichen Niedergangs des Klosters – eine zweite Blüte. In diese Zeit fällt die Herstellung vor allem von Evangelienhandschriften, die mit prachtvollen Miniaturen und Initialen ausgezeichnet wurden.

Spätestens seit dem Ende des 11. Jahrhunderts musste die Bibliothek verschiedene Verluste hinnehmen. So wurden einige Bücher von Mönchen aus Hirsau mitgenommen, als diese zwischen 1077 und 1108 zweimal versuchten, die nach ihrem Kloster benannte monastische Reform in Lorsch einzuführen. Eine größere Anzahl von Lorscher Codices, größtenteils Handschriften patristischen Inhalts, gelangte in die Zisterzienserabtei Eberbach am Rhein – vermutlich bei dem ebenfalls erfolglosen Versuch der Zisterzienser, das Kloster Lorsch zwischen 1231/32 und 1245 zu übernehmen. Wohl nachdem Lorsch 1248 in ein Stift der Prämonstratenser umgewandelt worden war, kamen mindestens drei Handschriften des 9. Jahrhunderts in deren Kloster Arnstein an der Lahn.

Trotz dieser Bestandsreduktion war die Lorscher Bibliothek auch noch für die Humanisten von großer Bedeutung und Anziehungspunkt für die Gelehrten. Nicht selten zogen sie Lorscher Codices als Grundlage für ihre Ersteditionen heran, so etwa Johannes Sichardus (1499–1552) oder Matthias Flacius Illyricus (1520–1575). Der erste Humanist, der auf die Schätze der Lorscher Bibliothek aufmerksam geworden war, war Matthias Widman von Kemnat (um 1430–1476), Hofkaplan Kurfürst Friedrichs I.; er nutzte mindestens sechs Lorscher Handschriften und hinterließ seinen Namen in ihnen. Für das Jahr 1524 ist auch ein Besuch Sebastian Münsters (1488/89–1552) in der Bibliothek belegt.

Unter Kurfürst Ottheinrich von der Pfalz (1556–1559) wurde das Kloster endgültig aufgelöst, der verbliebene Rest der Bibliothek in die Heidelberger Bibliotheca Palatina integriert und mit ihr 1622/23 als Kriegsbeute der Katholischen Liga von Herzog Maximilian von Bayern Papst Gregor XV. geschenkt und nach Rom in die Vatikanische Bibliothek verbracht.

Goldgeprägter Rücken vom Ledereinband des „Vergilius Palatinus“ mit den Wappenzeichen Papst Clemens' XIV. (1769–1774)

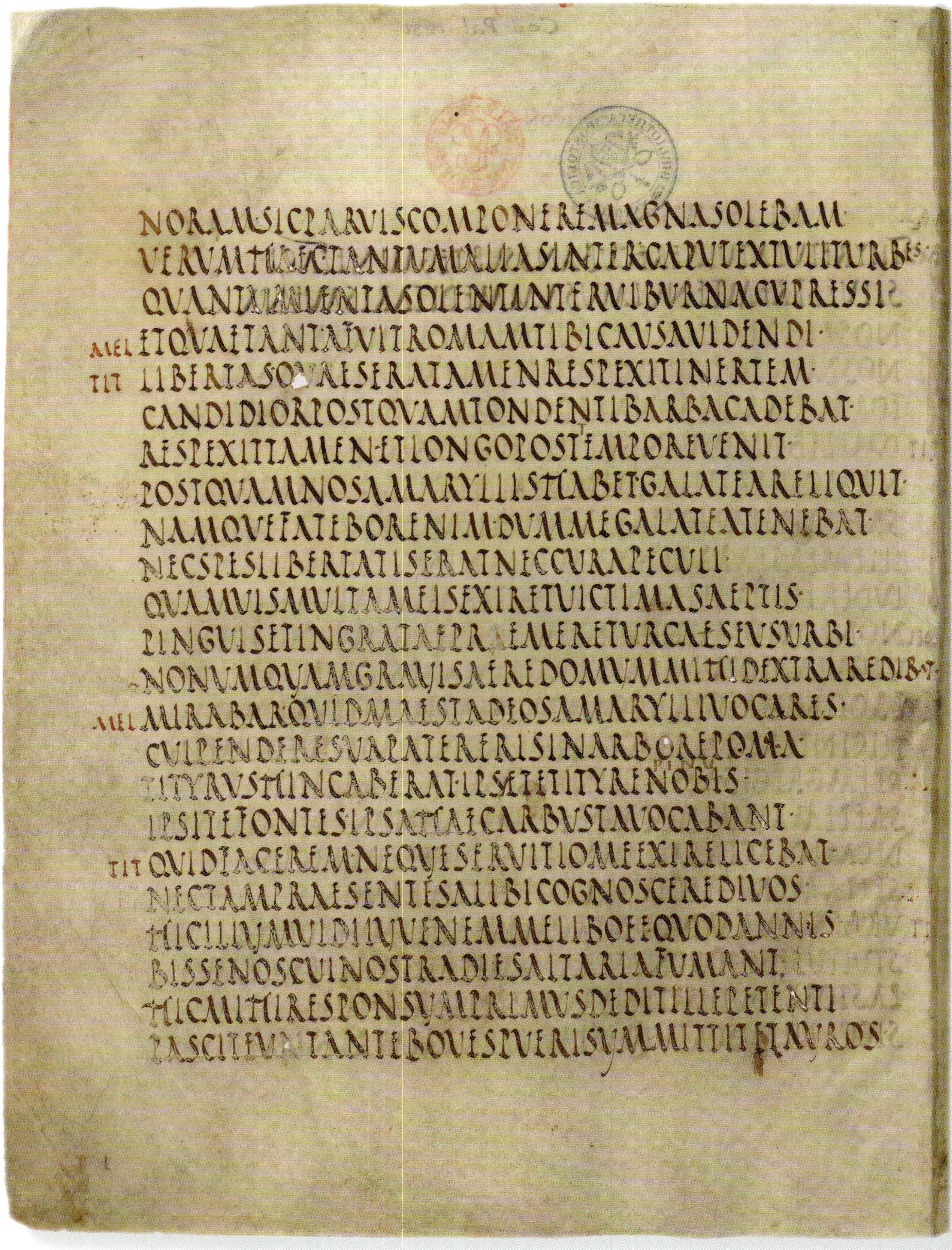

NORAMSICPARVISCOMPONEREMAGNASOLEBAM·
VERVMHAECTANTVMALIASINTERCAPVTEXTVLITVRBES
QVANTVMLENTASOLENTINTERVIBVRNACVPRESSI
MEL ETQVAETANTAFVITROMAMTIBICAVSAVIDENDI·
TIT LIBERTASQVAESERATAMENRESPEXITINERTEM·
CANDIDIORPOSTQVAMTONDENTIBARBACADEBAT·
RESPEXITTAMEN·ETLONGOPOSTTEMPOREVENIT·
POSTQVAMNOSAMARYLLISHABET·GALATEARELIQVIT·
NAMQVEFATEBORENIM·DVMMEGALATEATENEBAT·
NECSPESLIBERTATISERATNECCVRAPECVLI·
QVAMVISMVLTAMEISEXIRETVICTIMASAEPTIS·
PINGVISETINGRATAEPREMERETVRCASEVSVRBI·
NONVMQVAMGRAVISAEREDOMVMMIHIDEXTRAREDIBAT
MEL MIRABARQVIDMAESTADEOSAMARYLLIVOCARES·
CVIPENDERESVAPATERERISINARBOREPOMA·
TITYRVSHINCABERAT·IPSAETETITYREPINVS·
IPSITEFONTESIPSAHAECARBVSTAVOCABANT·
TIT QVIDFACEREMNEQVESERVITIOMEEXIRELICEBAT·
NECTAMPRAESENTESALIBICOGNOSCEREDIVOS·
HICILLVMVIDIIVVENEMMELIBOEQVODANNIS
BISSENOSCVINOSTRADIESALTARIAFVMANT·
HICMIHIRESPONSVMPRIMVSDEDITILLEPETENTI
PASCITEVTANTEBOVESPVERISVMMITTITETAVROS

Seite eines Hirtengedichtes (ecl. 1,23-45) aus dem „Vergilius Palatinus“. Der Text ist in Capitalis rustica und ohne Wortabstände geschrieben. Der Sprecherwechsel zwischen den Hirten Tityrus und Meliboeus ist neben der Textspalte vermerkt.

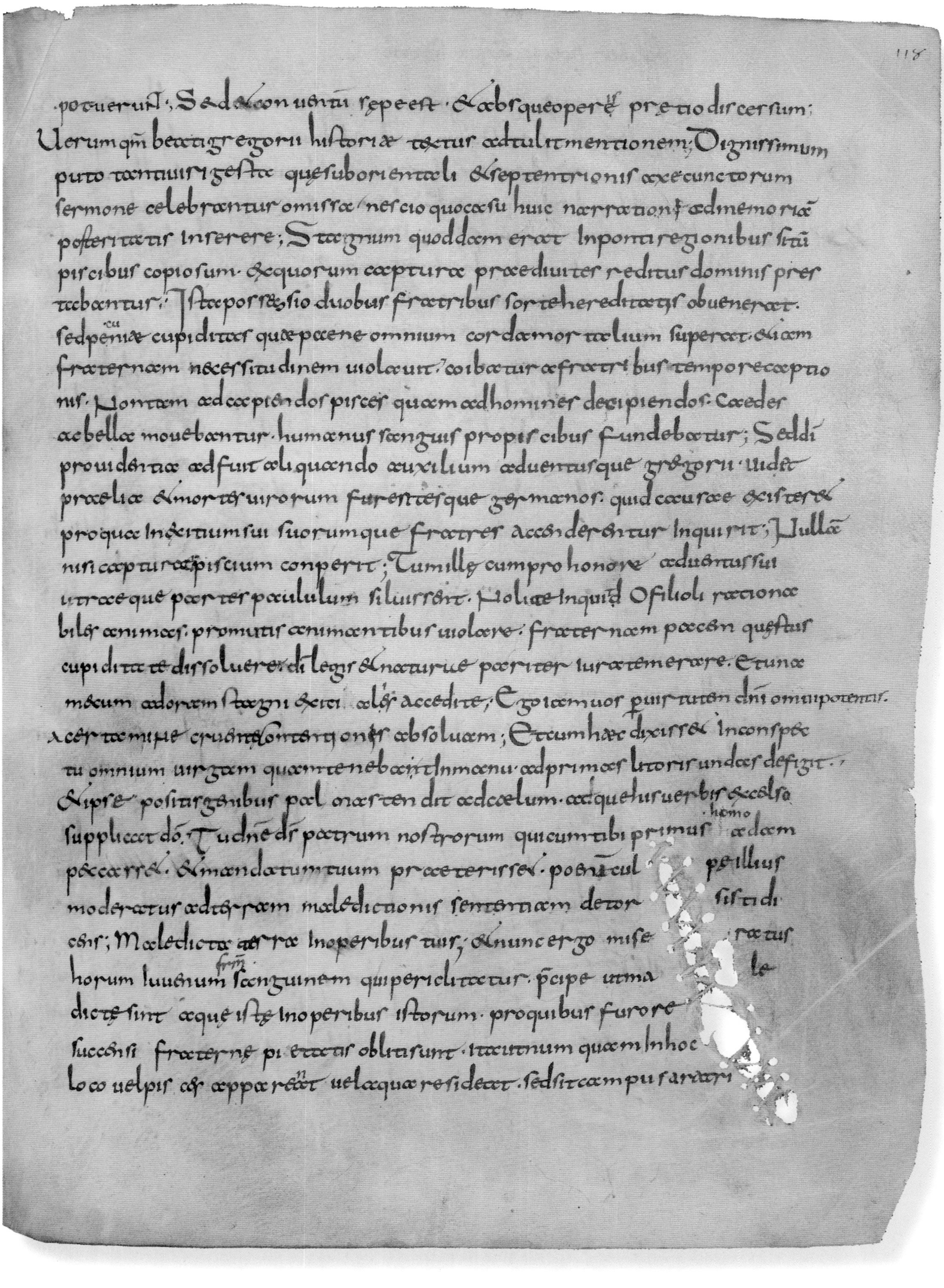

potuerunt; Sed ad conuentum repetet a quo operae pretio discessum;
Uerum quoniam beati gregorii historiae textus adtulit mentionem; Dignissimum
puto tanti uiri gesta quae sub orientali & septentrionis axe cunctorum
sermone celebrantur omissa nescio quo casu huic narrationi ad memoriam
posteritatis inserere; Stagnum quoddam erat in ponti regionibus situm
piscibus copiosum. ex quorum captura praediuites reditus dominis prae
stabantur; Ista possessio duobus fratribus sorte hereditatis obuenerat.
sed pecuniae cupiditas quae paene omnium corda more telum superat. etiam
fraternam necessitudinem uiolauit. coibatur a fratribus tempore captio
nis. Non tam ad capiendos pisces quam ad homines decipiendos. caedes
ac bella mouebantur. humanus sanguis propter pisces fundebatur; Sed diuinae
prouidentiae adfuit aliquando auxilium aduentusque gregorii. uidet
praelia & mortes uirorum furentesque germanos. quid causae existeret
pro qua incitamentum sui suorumque fratres accenderentur inquirit; Nullam
nisi capturam piscium comperit; Tum ille cum pro honore aduentus sui
utraeque pariter paululum siluissent. Nolite inquid O filioli rationa
biles animas. pro mutis animantibus uiolare. fraternam pacem quaestus
cupiditate dissoluere. dei legis & naturae pariter iura temerare. Et una
mecum ad oram stagni exiti aliis accedite; Ego iam uos per uirtutem dni omnipotentis.
a certamine ipse cruentae contentionis absoluam; Et cum haec dixisset in conspec
tu omnium uirgam quam tenebat in manu ad primas litoris undas defigit.
& ipse positis genibus palmas tendit ad caelum. atque his uerbis excelso
supplicat deo. Tu domine deus patrum nostrorum qui cum tibi primus homo adam
peccasset. & mandatum tuum praeterisset. poenam cul pe illius
moderatus ad terram maledictionis sententiam detor sisti di
cens; Maledicta terra in operibus tuis; & nunc ergo mise ratus
horum iuuenum fraternum sanguinem qui periclitatur. praecipe ut ma le
dicta sint aque iste in operibus istorum. pro quibus furore
succensi fraternae pietatis obliti sunt. ita ut nunquam in hoc
loco uel piscis appareant uel aqua resideat. sed sit campus aratri

Kirchengeschichte des Eusebius von Caesarea († 337/40) in der lateinischen Übersetzung des Rufinus von Aquileia († 410), geschrieben um 800 in Lorsch in einer frühen Form der karolingischen Minuskel. Unten rechts wurde ein Riss im teuren Pergament vor dem Beschreiben genäht.

ORDNUNG DES WISSENS

Die karolingischen Bibliothekskataloge

Die ältesten Bibliothekskataloge des Abendlandes entstanden in karolingischer Zeit. Im 9. Jahrhundert legten alle großen Abteien im Frankenreich Verzeichnisse ihrer Büchersammlungen an, so etwa St. Riquier, Murbach, St. Gallen, die Reichenau oder Fulda. Aus Lorsch sind gleich vier Kataloge überliefert, die zwischen 830 und 860 erstellt wurden und sich heute alle in der Biblioteca Apostolica Vaticana in Rom befinden: Pal. lat. 1877, Bl. 1r–34r (um 860), Bl. 44r–66v (um 830–840), Bl. 67r–79v (um 830) und Pal. lat. 57, Bl. 1r–7v (um 850). Drei Kataloge sind unvollständig, der jüngste und (mit 34 Folioblättern und etwa 450 Einträgen) umfangreichste ist jedoch komplett erhalten.

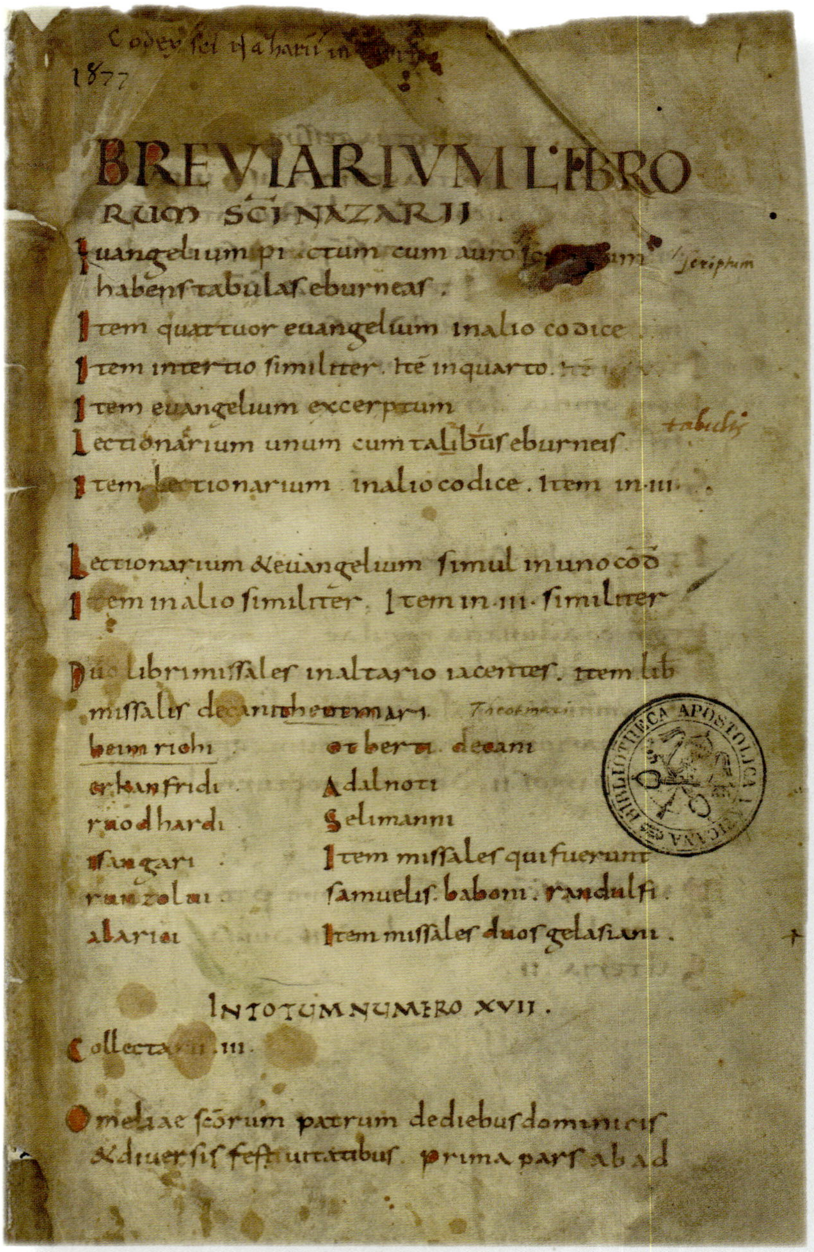

Anfang des jüngsten Lorscher Bibliothekskatalogs (um 860) mit Verzeichnung des „Lorscher Evangeliars“ im ersten Eintrag: *Evangelium pictum, cum auro scriptum, habens tabulas eburneas* – „Illustriertes Evangeliar, in Gold geschrieben und mit Tafeln aus Elfenbein“

Alle Inventare weisen eine mehr oder weniger übersichtliche Gliederung auf: Jeder Eintrag beginnt in der Regel mit einer neuen Zeile und ist durch einen vergrößerten und farblich hervorgehobenen Anfangsbuchstaben gekennzeichnet. Umfangreichere Bestände, etwa Werke des Kirchenvaters Augustinus (354–430) oder grammatische Schulhandschriften, sind unter Zwischenüberschriften großteils in Abteilungen zusammengefasst. Die Informationen zu den meisten Handschriften sind kurz gehalten: Autor, Werktitel, Anzahl der Bände. In drei der Verzeichnisse ist jedoch der Inhalt nicht weniger Handschriften für die damalige Zeit sehr ausführlich erfasst, etwa wenn zu dem heute in der Badischen Landesbibliothek in Karlsruhe aufbewahrten Codex (Aug. perg. 105) mit Briefen des Hieronymus (vor 350–419/20) jeder einzelne mit Adressat und teilweise auch kurzer Inhaltsangabe eigens aufgeführt ist (Pal. lat. 1877, Bl. 19r–20v).

Die Kataloge dienten vermutlich verschiedenen Zwecken: Der älteste zeichnet sich durch Ausradierungen und Nachträge wohl als Handexemplar eines Bibliothekars aus, das über längere Zeit benutzt und fortlaufend aktualisiert wurde. Das zweite Verzeichnis wurde 830–840 von vermutlich westfränkischen Schreibern kopiert und sollte vielleicht darüber informieren, welche Vorlagen zum Kopieren von Texten man in Lorsch erhalten konnte. Um 850 erstellte man in Lorsch ein Kurzverzeichnis, das wohl zur leichteren Orientierung in der Bibliothek gedacht war und als Inventurliste später zur Bestandskontrolle benutzt wurde. Der jüngste und umfangreichste Katalog ist der vollständigste. Ausgebreitet liegt nicht nur der karolingerzeitliche Wissenskosmos vor uns, sondern durch dessen Gliederung auch eine Einordnung und Hierarchisierung: Liturgische und biblische Bücher stehen am Anfang, gefolgt von historiographischen Texten, patristische beziehungsweise theologische Werke machen dann die umfangreichste Sparte aus, den Schluss bilden Dichtung, Grammatik und sonstige Schulliteratur. Am Ende dieses Katalogs ist außerdem die kostbare Bücherschenkung Gerwards († wohl 860), eines ehemaligen Lorscher Mönchs und Bibliothekars Kaiser Ludwigs des Frommen (814–840), mit 27 Titeln verzeichnet.

Die erhaltenen Kataloge sind nicht nur ein Zeugnis für den systematischen Aufbau der Lorscher Büchersammlung in den ersten hundert Jahren seit Gründung des Klosters im Jahr 764. Sie sind auch von entscheidender Bedeutung für die Rekonstruktion der ehemaligen Bibliothek. Anhand der Einträge lassen sich Werke identifizieren, die die Lorscher Mönche und ihre Besucher lesen konnten und die deren geistigen Horizont prägten. Darüber hinaus gestatten sie es, für manche noch heute erhaltenen Handschriften die Lorscher Bibliothek als einstige Heimat festzustellen.

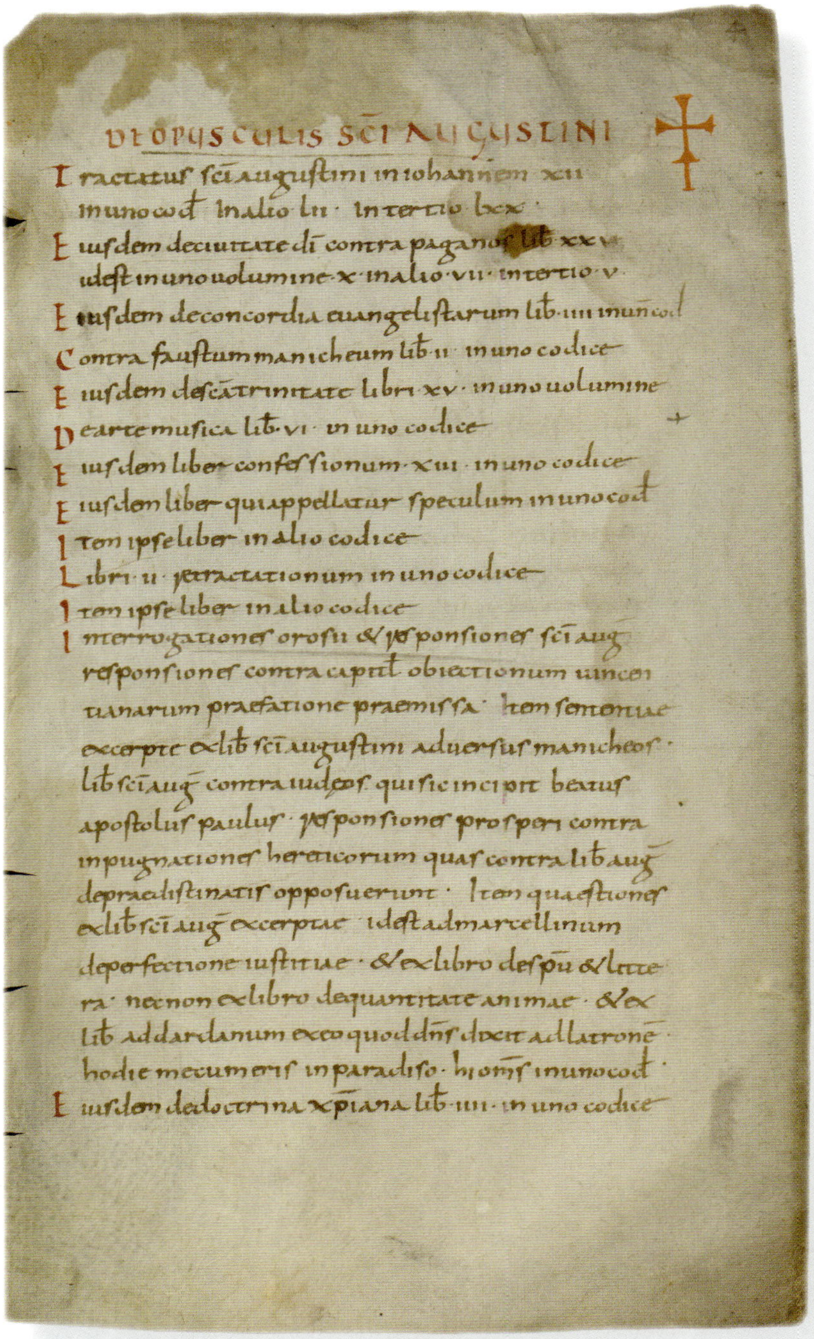

Seite aus dem jüngsten Lorscher Bibliothekskatalog (um 860): Beginn der Abteilung mit Werken des Kirchenvaters Augustinus und der detaillierten Verzeichnung einer Sammelhandschrift (vorletzter Eintrag: *Interrogationes Orosii et responsiones s*[an]*c*[t]*i Aug*[ustini] ... *hi om*[ne]*s in uno cod*[ice] – „Fragen des Orosius und Antworten des heiligen Augustinus ... alle diese in einem Codex")

DE OPUSCULIS SCI AUGUSTINI

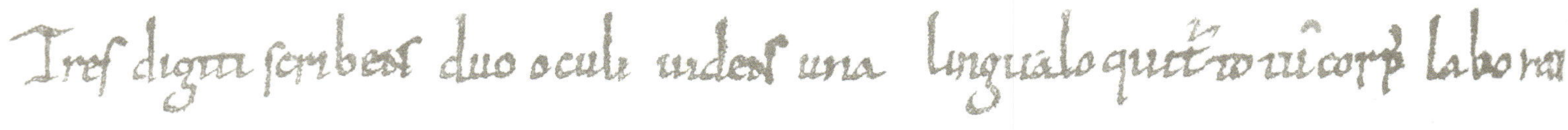

ÜBER GLANZ UND BÜRDE DES SCHREIBENS

Die Arbeit im Skriptorium

Im abendländischen Mittelalter waren es hauptsächlich Geistliche, insbesondere Mönche, die Bücher schrieben. Die frühesten klösterlichen Schreibstuben sind aus Italien bekannt. Cassiodor (um 485–um 580), einer der Urväter des gelehrten Mönchtums im Okzident, widmete der Schreibtätigkeit ein eigenes Kapitel in seinen *Institutiones divinarum et saecularium litterarum*, den „Unterweisungen zu den göttlichen und weltlichen Studien“, und erhob sie zum *opus divinum*, zu einer Form des Gottesdienstes.

Diesen Auftrag nahmen die folgenden Mönchsgenerationen mit großem Eifer an, und sie drückten ihren Dank und ihre Freude über den erfolgreichen Abschluss einer Handschrift, oft gemeinsam mit frommen und demütigen Bitten an den Leser, häufig in sogenannten Schreibervermerken aus. Im vatikanischen Codex Pal. lat. 1753 findet sich zum Beispiel: *Sicut navigantibus desiderabilis portus, ita scriptori novissimus versus. Ora pro me saepissime* [...], *uti mea innumera Christus remittat crimina.* – „Was den Seefahrern der ersehnte Hafen, das ist dem Schreiber die allerletzte Zeile. Bete für mich beständig, auf dass Christus meine unzähligen Sünden hinwegnehme.“ (Bl. 109v). Doch noch zahlreicher sind Zeugnisse über die Beschwerlichkeiten des Schreibens: Der häufigste und bekannteste Schreibervermerk – *Tres digiti scribunt, duo oculi vident, una lingua loquitur, totum corpus laborat.* („Drei Finger schreiben, zwei Augen sehen, eine Zunge spricht, und der ganze Körper plagt sich.“) – findet sich in verschiedenen Abwandlungen auch mehrmals in Lorscher Handschriften.

Den Fleiß der Lorscher Schreibermönche, insbesondere im 8. und 9. Jahrhundert, belegt die Anzahl der (erhaltenen) Handschriften aus ihrem Skriptorium. Ihr Können drückt sich in Anlage und Schrift der Codices aus: Der bedeutende Schriftforscher und Mittellateiner Bernhard Bischoff schied das erste Jahrhundert des Lorscher Skriptoriums in vier Phasen. Zwischen 781/83, dem Zeitraum, in dem das „Godescalc-Evangelistar“ an der Hofschule fertiggestellt wurde, und kurz nach 800 hat sich in Anlehnung an Schreibgewohnheiten am Hofe Karls des Großen der „Ältere Lorscher Stil“ entwickelt, der auch Ähnlichkeiten mit der Schrift des Metzer Skriptoriums zeigt. Er weist noch starke angelsächsische Einflüsse auf und ist geprägt durch Uneinheitlichkeit in den Buchstabenformen. Über 20 Handschriften im „Älteren Lorscher Stil“ sind heute erhalten.

Nach der Periode einer „Übergangsschrift“ und des „Saint-Vaast-Stils“ (benannt nach Ähnlichkeiten, die diese Schrift mit der des Klosters St-Vaast in Arras aufweist) schuf man noch während des Abbatiats Adalungs (804–837), vielleicht ab 820, den „Jüngeren Lorscher Stil“. Dieser von Regelmäßigkeit geprägte Schriftstil ist wohl von der Minuskelform, in der das *Capitulare evangeliorum* des am Hof entstandenen „Lorscher Evangeliars“ geschrieben worden war, angeregt und bis zum Ende des 9. Jahrhunderts benutzt worden. Rund 100 Handschriften im „Jüngeren Lorscher Stil“ konnten bis in die Gegenwart bewahrt werden.

Die Erkenntnisse Bernhard Bischoffs ergänzte Hartmut Hoffmann, indem er sich in seinen Untersuchungen zu Schreibschulen des 10. und 11. Jahrhunderts auch Lorsch zuwandte: Nachdem das dortige Skriptorium in ottonischer Zeit seine Bedeutung eingebüßt und die Ästhetik und Klarheit seiner Schrift verloren hatte, reformierte man diese unter Rückgriff auf die karolingischen Muster. Im 11. Jahrhundert konnte die Kalligraphie in Lorsch dann auf einen neuen Gipfel geführt werden.

Mit ihrer mühevollen Arbeit tradierten die Lorscher Schreiber nicht nur göttliches, sondern auch weltliches Wissen. Ihrem Fleiß ist es zu verdanken, dass Menschen in Europa und in der ganzen Welt noch heute von den Kenntnissen zehren können, die sie in zahllosen Stunden des Abschreibens und Kopierens in den Manuskripten sammelten und festhielten.

Im Laufe der Zeit veränderte sich die Schrift im Lorscher Skriptorium.

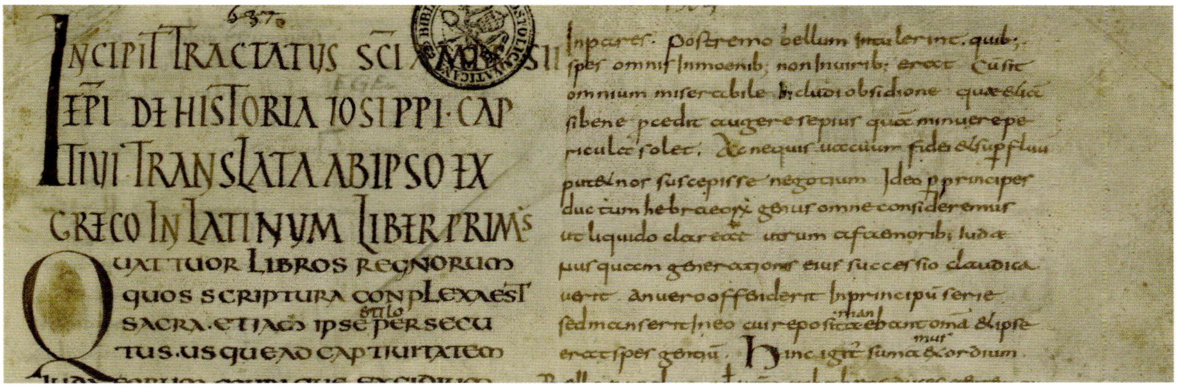

Älterer Lorscher Stil

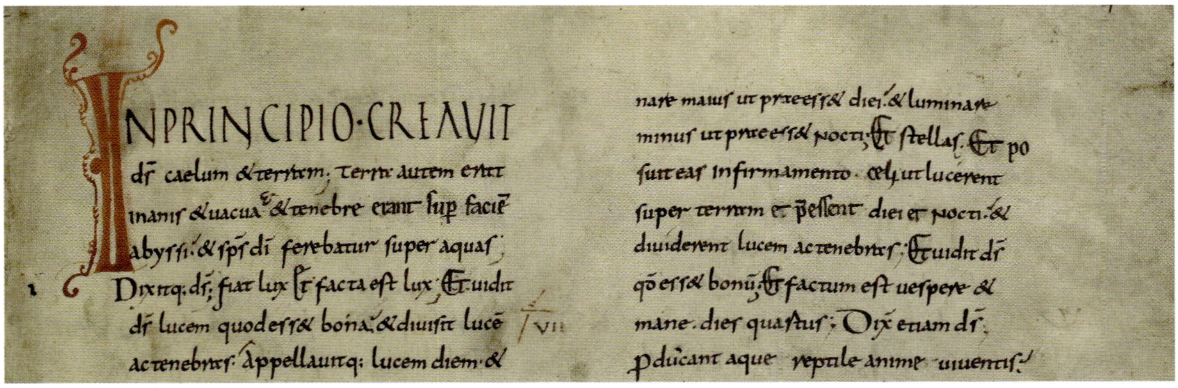

Übergangsstil

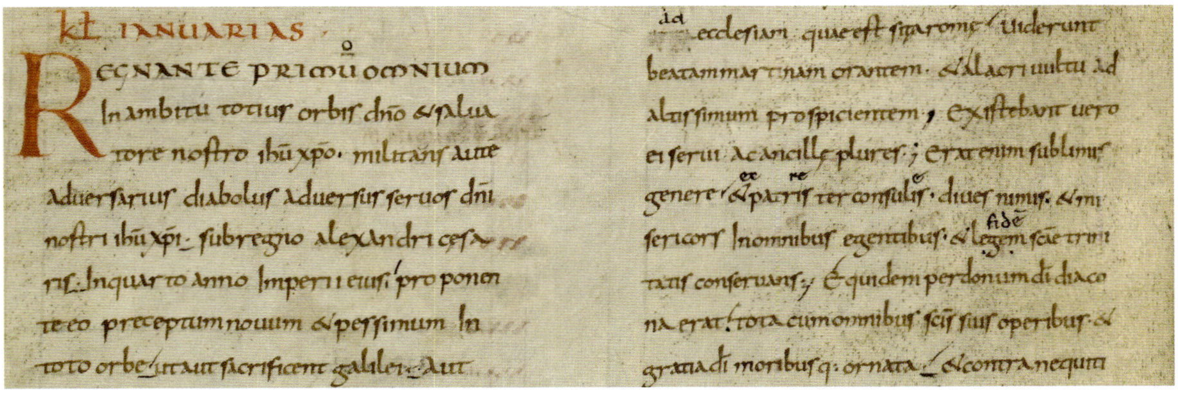

Saint-Vaast-Stil

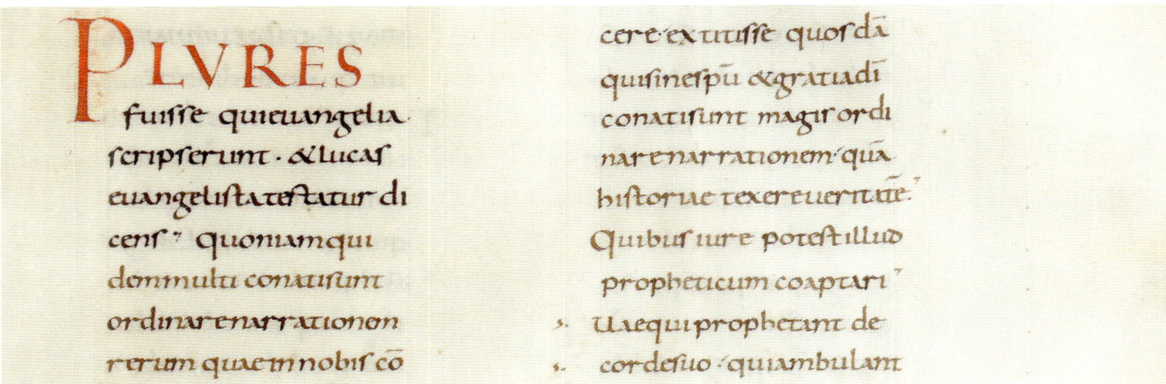

Jüngerer Lorscher Stil

IN ALLE WELT VERSTREUT

Zur Rekonstruktion der Lorscher Bibliothek

Über Geschichte und Schicksal der Lorscher Handschriften sind wir dank der grundlegenden Forschungen vor allem von Bernhard Bischoff seit 1964 und Hartmut Hoffmann seit den 1980er Jahren verhältnismäßig gut informiert. Basierend auf deren Zusammenstellungen geht man heute davon aus, dass sich insgesamt 330 Manuskripte aus dem Zeitraum vom 5. bis ins 15. Jahrhundert aus Bibliothek und Skriptorium von Lorsch erhalten haben. Zum Teil handelt es sich dabei lediglich um Fragmente oder um Faszikel, also um ursprünglich eigenständige Handschriften, die später mit anderen zu einem Codex zusammengebunden wurden.

Über 200 Codices, Faszikel und Fragmente stammen aus dem 9. Jahrhundert einschließlich der letzten Jahrzehnte des 8. Jahrhunderts. Etwa 60 Handschriften sind ins 11. Jahrhundert zu datieren. Aus der Zeit vor der Gründung des Lorscher Skriptoriums haben über zehn Handschriften die Zeiten überdauert, aus dem 10. Jahrhundert wie ebenso aus dem Zeitraum vom 12. bis ins 15. Jahrhundert jeweils rund 20.

Neben der Herkunftsbestimmung der Lorscher Bibliotheksbestände mithilfe der in manchen Manuskripten eingetragenen Besitzvermerke, lässt sich die Lorscher Provenienz oftmals über einen Nachweis in den für ihre Zeit außergewöhnlich ausführlichen Bibliothekskatalogen des 9. Jahrhunderts ermitteln. Diese wichtige Quellengruppe ist in der kommentierten Edition von Angelika Häse systematisch erschlossen und bequem zugänglich. Eine weitere Möglichkeit, die Herkunft einer Handschrift zu belegen, besteht in der Analyse des Inhalts. So verweist etwa der mit Goldtinte hervorgehobene Name des Lorscher Klosterpatrons, des heiligen Nazarius, im heute in der Frankfurter Universitätsbibliothek aufbewahrten „Lorscher Rotulus" (Ms. Barth. 179) deutlich auf das Skriptorium des Monasteriums *sancti Nazarii, quod nominatur Lauresham*. Das größte Potential bei der Zuweisung von Handschriften an das Lorscher Skriptorium liegt jedoch in der Erforschung der Schrift selbst. Der erste, der sich in paläographischen Studien Lorsch systematisch zuwandte, war der Schotte Wallace M. Lindsay im ersten Viertel des 20. Jahrhunderts.

„Lorscher Rotulus" (Lorsch, vor 876): Ausschnitt aus der Heiligenlitanei mit dem Namen des heiligen Nazarius, des Lorscher Klosterpatrons, in Goldschrift und Majuskelbuchstaben

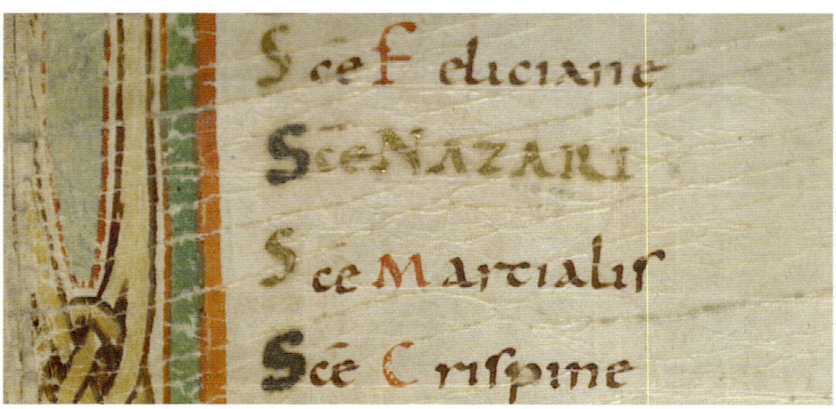

Die ehemaligen Lorscher Codices liegen heute verstreut auf fast 70 Institutionen in Europa und den USA. Mit 133 Handschriften wird dabei das größte Kontingent in der Biblioteca Apostolica Vaticana in Rom aufbewahrt. Jeweils etwa 20 Stück befinden sich in der Bayerischen Staatsbibliothek in München, in der Österreichischen Nationalbibliothek in Wien und in der Oxforder Bodleian Library.

Es ist unmöglich, an dieser Stelle auf alle erhaltenen Lorscher Handschriften einzugehen. Ein Umritt durch alle Länder, in denen heute Manuskripte aus der Bibliothek oder dem Skriptorium von Lorsch ermittelt werden können, soll aber einen exemplarischen Überblick bieten: Die Vatikanische Bibliothek verfügt über einige der berühmtesten und ältesten Lorscher Codices, darunter den Palimpsestcodex (Pal. lat. 24) mit Überresten mehrerer Handschriften, die teilweise bis ins 4. Jahrhundert zurückreichen. Der Palimpsestcodex zählt damit zu den ältesten erhaltenen Pergamenthandschriften des Abendlandes. Ein Cicero-Codex des 11. Jahrhunderts ist heute im Besitz der Zentralbibliothek Zürich (Ms. C 132). Ein Codex der Pierpont Morgan Library in New York (Ms. 871) aus dem 9. Jahrhundert überliefert die erste Hälfte der *Historia naturalis* Plinius' des Älteren (23/24–79), eines umfangreichen antiken Lexikons. Antikes Wissen und Verständnis von den Sieben Freien Künsten wurde durch das enzyklopädische Werk des Martianus Capella (5. Jahrhundert) vermittelt, eine Handschrift aus dem 9. Jahrhundert befindet sich heute in der Universiteitsbibliotheek Leiden (BPL 196). Einen anderen für die Vermittlung antiken Wissens an das Mittelalter wichtigen Autor, Boethius (475/80–524), findet man ebenfalls in einem Codex des 9. Jahrhunderts, heute in der ungarischen Nationalbibliothek in Budapest (Clmae 3). Im Besitz der Bibliothèque royale de Belgique in Brüssel (Ms 9845–9848) ist eine Handschrift des 9. Jahrhunderts mit Briefen des im Ostgotenreich Theoderichs des Großen lebenden Bischofs von Pavia, Magnus Felix Ennodius (473/74–521).

In der Staatsbibliothek Bamberg wird das um 800 angefertigte „Lorscher Arzneibuch" (Msc. Med. 1) aufbewahrt, das in einer Zeit, in der Krankheiten häufig als Strafe Gottes angesehen wurden, mit einer bemerkenswerten Rechtfertigung der Medizin eingeleitet wurde. Fragmentarisch überliefert ist ein Sakramentar aus dem 9. Jahrhundert, dessen Reste heute in den Universitätsbibliotheken von Augsburg (Cod. I.2.4° 1) und Erlangen (Ms. 2000) liegen: Zum Pfingstfest sind hier die Apostel mit Feuerzungen und der Heilige Geist in Gestalt einer Taube abgebildet. Ein Evangeliar des 9. Jahrhunderts befindet sich im J. Paul Getty-Museum in Los Angeles (Ms. Ludwig II 1). Der „Lorscher Rotulus" zählt zum Bestand der Universitätsbibliothek Frankfurt am Main (Ms. Barth. 179). Er ist die einzige liturgische Buchrolle, die aus karolingischer Zeit aus der Region nördlich der Alpen erhalten ist, und umfasst eine Heiligenlitanei für den ostfränkischen König Ludwig den Deutschen, der 876 in Lorsch auch seine Grabstätte gefunden hat. Karolingische Geschichtsschreibung ist zum Beispiel in der Bibliothèque nationale de Luxembourg (Ms 110) in einem Faszikel aus dem 9. Jahrhundert konserviert.

Initialzierseite mit Rankenschmuck zur Evangelienlesung an Heiligabend aus einem Mitte des 11. Jahrhunderts in Lorsch entstandenen Evangelistar

Ein Sakramentar des 11. Jahrhunderts wird heute in der Biblioteca universitaria di Bologna (Ms. 1084) aufbewahrt. Die mit Miniaturen und Initialornamentik reich ausgestatteten Manuskripte der sogenannten Oudalricus-peccator-Handschriften, als deren Auftraggeber Abt Udalrich von Lorsch (1056–1075) gilt, sind im Besitz verschiedener Institutionen, zum Beispiel der British Library in London (Harley 2970), der Bayerischen Staatsbibliothek München (Clm 23630), der Österreichischen Nationalbibliothek in Wien (Cod. 1140), der University Library Princeton (Garrett Ms. 43) oder der Bibliothèque Sainte-Geneviève in Paris (Ms. 2657).

Zum Ende unserer Welttournee durch die Lorscher Schreib- und Lesestube besuchen wir noch eine Außenstelle der rumänischen Nationalbibliothek: Nach Alba Iulia gelangte im Jahr 1785 die erste Hälfte (Ms R II 1) des berühmten „Lorscher Evangeliars".

LORSCHER HANDSCHRIFTEN WELTWEIT

Belgien
- Brüssel, Bibliothèque royale de Belgique

Deutschland
- Amorbach, Fürstlich Leiningensches Archiv
- Aschaffenburg, Hofbibliothek
- Augsburg, Universitätsbibliothek
- Bad Homburg, Verwaltung der Staatlichen Schlösser und Gärten Hessen, Welterbestätte Kloster Lorsch
- Bamberg, Staatsbibliothek
- Darmstadt, Universitäts- und Landesbibliothek
- Erlangen, Universitätsbibliothek Erlangen-Nürnberg
- Frankfurt a. M., Universitätsbibliothek
- Freiburg i. Br., Universitätsbibliothek
- Hamburg, Staats- und Universitätsbibliothek
- Heidelberg, Universitätsbibliothek
- Karlsruhe, Badische Landesbibliothek
- Kiel, Universitätsbibliothek
- Köln, Dombibliothek
- Köln, Universitätsbibliothek
- Leipzig, Universitätsbibliothek
- Merseburg, Bibliothek des Domstifts
- München, Bayerische Staatsbibliothek
- München, Bayerisches Hauptstaatsarchiv
- München, Universitätsbibliothek
- Nürnberg, Stadtbibliothek
- Speyer, Stadtarchiv
- Stuttgart, Württembergische Landesbibliothek
- Trier, Domschatz
- Trier, Stadtbibliothek
- Weinheim, ehem. Slg. Fischer
- Weimar, Hauptstaatsarchiv
- Wiesbaden, Hessische Landesbibliothek (ehem. Nassauische Landesbibliothek)
- Wolfenbüttel, Herzog August Bibliothek
- Würzburg, Bayerisches Staatsarchiv
- Würzburg, Universitätsbibliothek
- Zwickau, Ratsschulbibliothek

Frankreich
- Arras, Bibliothèque municipale
- Chantilly, Musée Condé
- Montpellier, Bibliothèque de la Faculté de Médecine
- Orléans, Bibliothèque municipale
- Paris, Bibliothèque nationale de France
- Paris, Bibliothèque Sainte-Geneviève
- Straßburg, Archives du Bas-Rhin
- Straßburg, ehem. Bibliothèque du Séminaire Protestant
- Valenciennes, Bibliothèque municipale
- Vendôme, Bibliothèque municipale

Großbritannien
- Edinburgh, University Library
- London, British Library
- Manchester, John Rylands University Library
- Oxford, Bodleian Library

Italien
- Bologna, Biblioteca universitaria

Luxemburg
- Luxemburg, Bibliothèque nationale de Luxembourg

Niederlande
- Leiden, Universiteitsbibliotheek

Österreich
- Graz, Universitätsbibliothek
- Linz, Oberösterreichische Landesbibliothek
- Salzburg, Universitätsbibliothek
- St. Paul i. Lavanttal, Stiftsarchiv
- Tulln, Stadtarchiv
- Wien, Österreichische Nationalbibliothek

Rumänien
- Bukarest, Biblioteca Națională a României (Alba Iulia, Biblioteca Documentară Batthyáneum)

Schweiz
- Basel, Universitätsbibliothek
- Basel, Staatsarchiv des Kantons Basel-Stadt
- Solothurn, Zentralbibliothek
- St. Gallen, Stiftsbibliothek
- Zürich, Zentralbibliothek

Ungarn
- Budapest, Országos Széchényi Könyvtár

USA
- King of Prussia, Valley Forge National Historical Park, John F. Reed Collection
- Los Angeles, J. Paul Getty-Museum
- New York, Pierpont Morgan Library
- New York, Union Theological Seminar, Burke Library
- Princeton, University Library

Vatikan
- Vatikan, Biblioteca Apostolica Vaticana

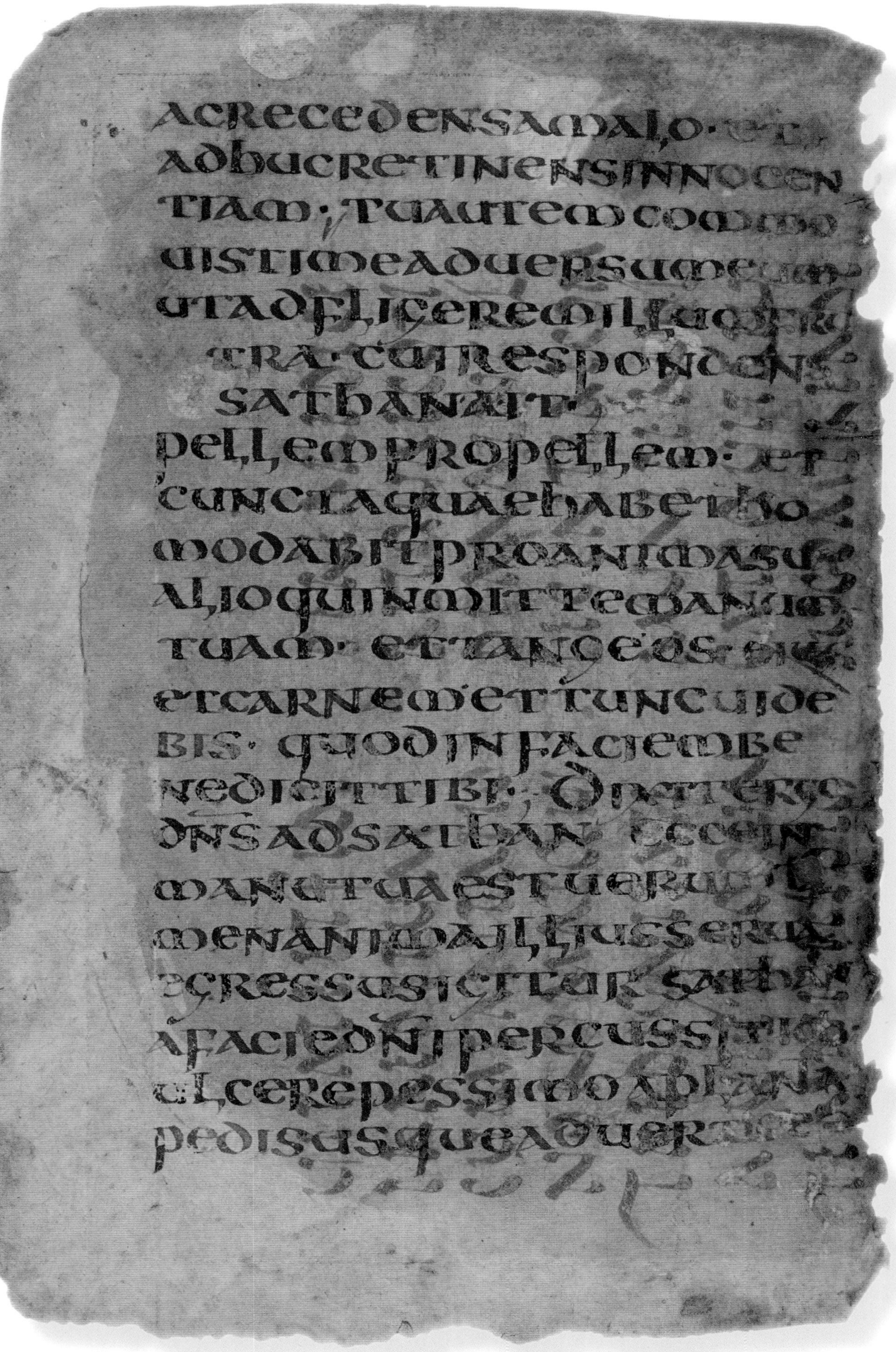

Für das „Lorscher Palimpsest“ wurden Blätter von zehn spätantiken Codices des 4. bis 6. Jahrhunderts mit Texten römischer Klassiker palimpsestiert und mit alttestamentlichen Schriften wiederbeschrieben. Die Seite zeigt in der jüngeren Schrift das Buch Hiob (2,3–7), darunter in der älteren, ausradierten vertikalen Schrift eine Passage aus den „Attischen Nächten“ des Aulus Gellius (2. Jahrhundert).

AB URBE CONDITA

Wissenstransfer aus der Antike

Pergamenteinband des „Wiener Livius“ aus dem Jahr 1669 – die Beschriftung ist im Laufe der Jahrhunderte verblasst und kaum noch zu lesen.

Ab urbe condita – „Von Gründung der Stadt an“ nannten die Zeitgenossen von Kaiser Augustus die Darstellung der römischen Geschichte von den Anfängen Roms bis zur Gegenwart ihres Autors Livius (59 v. Chr.–17 n. Chr.). Der Pergamentcodex 15 der Österreichischen Nationalbibliothek in Wien ist nicht nur einer der ältesten Textzeugen dieses kanonischen Werkes über die römische Geschichte, sondern zählt auch zu den frühesten Zeugnissen der abendländischen Textüberlieferung überhaupt. Entstanden in Italien im 5. Jahrhundert, also vor rund 1600 Jahren, ist er eines der ältesten aus der Antike erhaltenen Bücher; nur wenige Dutzend Handschriften und Handschriftenfragmente aus Pergament reichen mit Entstehungszeiten im 3. und 4. Jahrhundert in eine noch tiefere Vergangenheit zurück.

Der Text des gerade einmal 25 x 15 Zentimeter großen und 193 Blätter umfassenden Codex ist in Unziale, einer in der Spätantike entwickelten Schriftart, in *scriptura continua*, also ohne die einzelnen Wörter voneinander abzusetzen, geschrieben. Der unermessliche Wert dieses Manuskripts für Wissenschaft und Forschung liegt nicht nur in seinem hohen Alter, von dem die zahlreichen Verschmutzungen und Beschädigungen zeugen, begründet, sondern auch in seinem Inhalt. Denn viele Nachrichten über den Aufstieg des Imperium Romanum zum Weltreich sind ausschließlich durch dieses Werk tradiert worden. So berichtet Livius in den Büchern 41 bis 45, zu denen der Wiener Codex den einzigen Textzeugen darstellt, von der Expansion des Römischen Reiches in den östlichen Mittelmeerraum während des 2. vorchristlichen Jahrhunderts.

Nach einem Besitzvermerk in der Handschrift befand sich der Codex am Ende des 8. oder Anfang des 9. Jahrhunderts vermutlich im Besitz eines Bischofs von Utrecht. Im Laufe des 9. Jahrhunderts gelangte er dann in die damals blühende Bibliothek des karolingischen Reichsklosters Lorsch.

Am 8. Oktober 1527, 700 Jahre nachdem die Handschrift in den Besitz des Klosters gekommen war, berichtete der Heidelberger Professor und Humanist Simon Grynaeus (1493–1541) der gelehrten Welt voll Entdeckerfreude über den Fund bisher völlig unbekannter Livius-Bücher in der Lorscher Bibliothek. Wenig später, 1531, erschien in Basel die *Editio princeps*, die Erstausgabe, mit einer Vorrede aus der Feder des Erasmus von Rotterdam (1466/69–1536) im Druck.

Im späteren 16. Jahrhundert gelangte der Lorscher Livius in den Besitz der Habsburger nach Schloss Ambras bei Innsbruck. Mit der dortigen Büchersammlung kam er 1665/69 in die kaiserliche Hofbibliothek in Wien.

Im oberen Teil der ersten Seite finden sich nachträglich notierte Angaben zu Autor und Werk und der habsburgische Besitzeintrag (*MS. Ambras. 287*). Nach Verlust der ersten circa 16 Blätter beginnt der Text heute mitten im 9. Kapitel des 41. Buches von Livius' *Ab urbe condita.* ▶

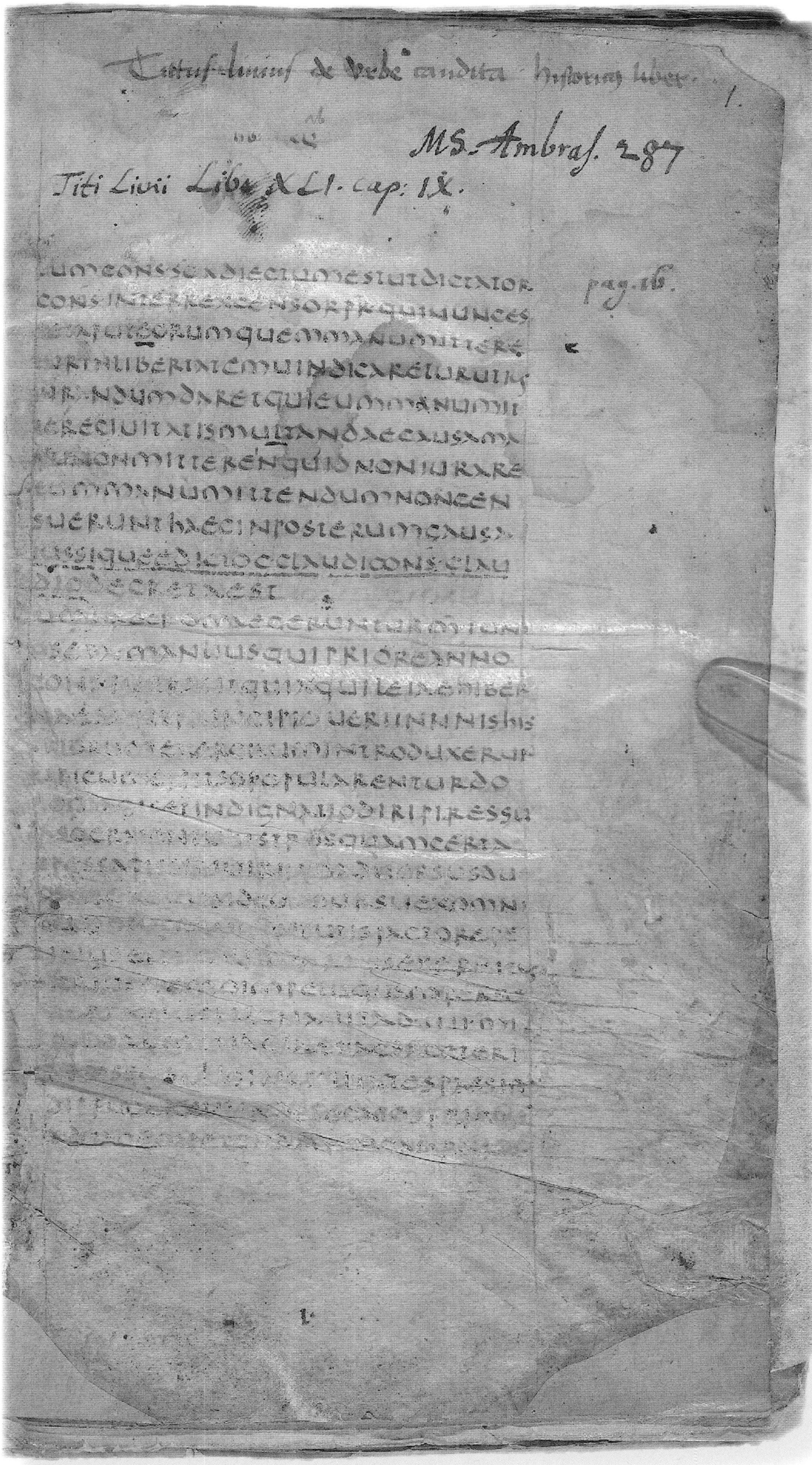
Titus livius de urbe condita historiarum liber
1.
MS. Ambras. 287
Titi Livii Lib. XLI. cap: IX.
pag. 16.
CONSINTERREXCENSORPRAETORUE
NUMQUEMMANUMITTERE
LIBERUMESSEIUBERET
NONMITTERENQUIDNONIURARE
MANUMITTENDUMNONCEN
SUERUNTHAECINPOSTERUMCAUS
CLAUDICONS
MANUUSQUIPRIOREANNO
INDIGNABILI

Lege feliciter bono tuo!

ZEUGEN HISTORISCHEN WISSENS

Lorscher Handschriften in der Heidelberger Universitätsbibliothek

Der Großteil der ehemals Lorscher Handschriften hat seit 1623 im Vatikan eine sichere Heimstätte gefunden. Aber auch dort blieben sie nicht gänzlich von den Zeitläufen verschont. Während des Italienfeldzugs Napoleon Bonapartes wurden 1797 einige vatikanische Codices wegen ihrer Bezüge zur französischen Geschichte und Kultur in die Nationalbibliothek nach Paris überführt, darunter auch Bände aus der ehemaligen Heidelberger Bibliotheca Palatina. Ein Teil davon gelangte im Jahr 1816, nach der Restauration der alten Ordnung in Europa, wieder nach Heidelberg und wird heute in der dortigen Universitätsbibliothek aufbewahrt. Zwei dieser Codices stammen aus Lorsch, beide enthalten historiographische Schriften.

Vermutlich für die Oberschicht im lateinischen Westen des Römischen Reiches schrieb der Historiker Florus ein rhetorisch ausgestaltetes Geschichtswerk: Auf Grundlage der „Römischen Geschichte" des Livius (59 v. Chr.–17 n. Chr.) verfasste er während der Regierungsjahre Kaiser Hadrians (117–138) eine preisende Darstellung der Vergangenheit Roms von der Gründung der Stadt bis in die Tage des ersten römischen Kaisers Augustus. Die römische Geschichte teilte er nach den vier Lebenszeitaltern des Menschen auf: *infantia* („Kindheit" = Königszeit), *adulescentia* („Jugend" = Eroberung Italiens), *iuventas* („Erwachsenenalter" = Eroberung des Erdkreises), die *senectus* („Alter" = Kaiserzeit) behandelte er nicht.

Letzte Textseite mit dem Ende der *Periochae de Tito Livio Ab urbe condita* und Schlussformel: *Titi Livi Periochae omnium librorum Ab urbe condita explicit, lege feliciter bono tuo.* – „Es endet die Periochae, das ist in Kürze der Inhalt, aller Bücher des Titus Livius ‚Von Gründung der Stadt an', lies mit Glück zu deinem Besten." Darunter der Besitzstempel der Pariser Nationalbibliothek.

Die Lorscher Florus-Handschrift (Cod. Pal. lat. 894) enthält den Text, wie nahezu alle mittelalterlichen Überlieferungszeugen, zusammen mit einer anonymen Kurzfassung des Livius-Werks. Sie dürfte die spätantike Version beider Texte nahezu unverfälscht wiedergeben: Hier stehen im antiken Buchwesen übliche Anfangs- und Schlussformeln, die wohl aus der Vorlage ihren Weg in die mittelalterliche Abschrift des 9. Jahrhunderts gefunden haben – zum Beispiel auf der letzten Seite: *Lege feliciter bono tuo* („Lies mit Glück zu deinem Besten"). Ob der Codex im Lorscher Skriptorium abgeschrieben wurde, ist ungewiss; in der Bibliothek befand er sich nachweislich seit dem 13. Jahrhundert. Mittelalterliche und neuzeitliche Korrekturen und Randbemerkungen zeugen von einer regen Benutzung.

Bischof Gregor von Tours (539–594) verfasste wohl ab dem Jahr 573 seine *Decem libri historiarum*, die „Zehn Bücher Geschichten". Sie haben den Anspruch einer Universalgeschichte und reichen von der Erschaffung der Welt bis in die Zeit des Autors, in die Zeit der merowingischen Könige, der Begründer des frühmittelalterlichen Frankenreichs. Bereits im zweiten Buch engt sich die Darstellung jedoch auf Gallien und die dort schon im 5. Jahrhundert in großen Räumen herrschenden Franken ein. Die Bücher 5–10 behandeln in breiter Darstellung und jahrweiser Anordnung die Ereignisse von 580 bis 591. Gerade Gregors Schilderungen des 6. Jahrhunderts sind für die Geschichtsforschung von unermesslichem Wert, da aus dieser Epoche ansonsten nur wenige Quellen erhalten sind.

Der vorliegende Text (Cod. Pal. lat. 864) ist genau genommen aber weniger der Bericht eines Zeitzeugen des 6. Jahrhunderts, vielmehr stellt er bereits eine Überarbeitung dar und ist, entstanden um das Jahr 800, ein Beispiel für die Geschichtsauffassung in der Zeit Karls des Großen. Denn er weist Umstellungen und Kürzungen auf, und das zehnte Buch der Handschrift besteht in Wirklichkeit aus Auszügen aus anonymen Chroniken, als deren Autoren Fredegar († nach 642) beziehungsweise dessen Fortsetzer geführt werden. Der Text endet im Jahr 741 mit dem Tod Karl Martells, des letzten Karolingers, der die Geschicke der Franken noch ohne Königswürde bestimmte. Aus der Entstehungszeit der Handschrift heraus betrachtet, liegt uns mit diesem Codex also die „Vorzeit der karolingischen Könige der Franken" vor Augen.

Der Codex ist eine der ältesten Handschriften aus dem Skriptorium des Klosters Lorsch überhaupt und belegt die Sorgfalt und das Können der Lorscher Schreiber. So zeigt die erste Seite mit dem Anfang des Vorworts eine Hierarchie der verwendeten Schriftarten, die das Layout prägt und den Text gliedert: Das *Incipit*, eine Eingangsformel, die im Frühmittelalter in den meisten Fällen einen regelrechten Titel ersetzte, ist in Kapitalschriften aus römischer Zeit, der Capitalis quadrata und, in Zeile 3, der Capitalis rustica, geschrieben. Der Text beginnt in Zeile 4 in Unziale, einer in der Spätantike entwickelten Schrift, und wird dann von der sich um 800 noch in Entstehung befindlichen karolingischen Minuskel abgelöst. Das Ende des Prologs und der Beginn des folgenden Inhaltsverzeichnisses

In die Heidelberger Gregor von Tours-Handschrift wurde von einem versierten Zeichner wohl noch in karolingischer Zeit die Zeichnung eines sich in die Lüfte erhebenden Engels auf dem damals noch freien Blatt nachgetragen.

zu Buch 1 ist rot hervorgehoben, die Schlussformel in Capitalis rustica, die Anfangsformel in Unziale.

Außer seinem Haupttext enthält der Codex zahlreiche Nachträge und Benutzungsspuren, darunter auch Besitzvermerke des 9. und 15. Jahrhunderts, die belegen, dass er über das gesamte Mittelalter hinweg in Lorsch geblieben war.

Bis heute sind historiographische Schriften nicht nur für die Forschung von großem Interesse. Denn sie dienen auf der einen Seite als Belege historischer Ereignisse bis weit in die Antike zurück und sind zugleich Zeugnisse für das Geschichtsbewusstsein der Menschen, die die Texte zu verschiedenen Zeiten geschrieben, kopiert und dabei vielleicht auch – bewusst oder unbewusst – an der einen oder anderen Stelle verändert haben. In Lorsch wurden zahlreiche Geschichtswerke abgeschrieben und aufbewahrt. Die hier vorgestellten Handschriften zeigen, dass die Codices nicht nur historisches Wissen und Konstruktionen der Geschichte in sich bergen, sondern oftmals auch selbst eine bewegte Vergangenheit haben.

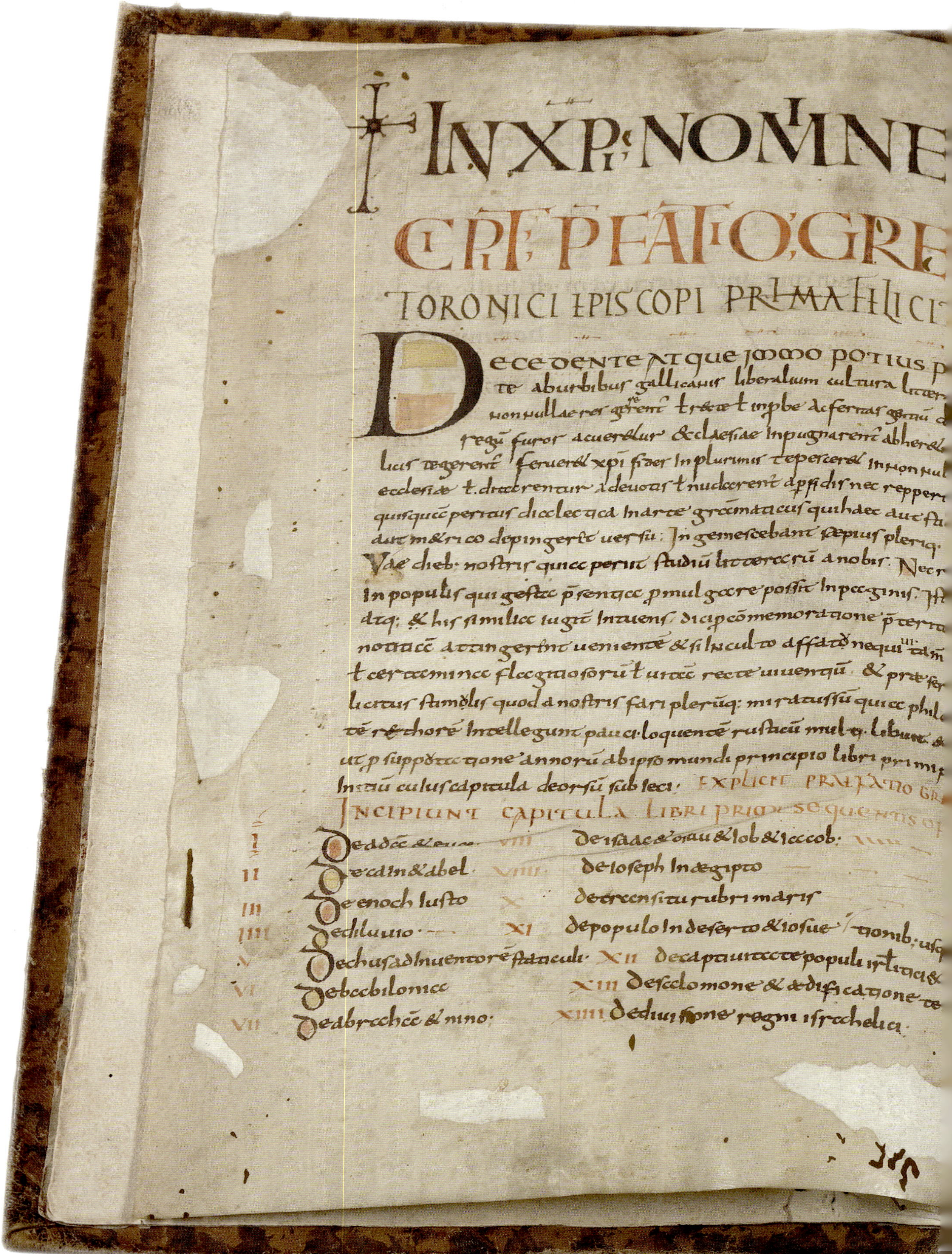

Doppelseite mit dem Anfang der um 800 in Lorsch entstandenen Heidelberger Handschrift Cod. Pal.

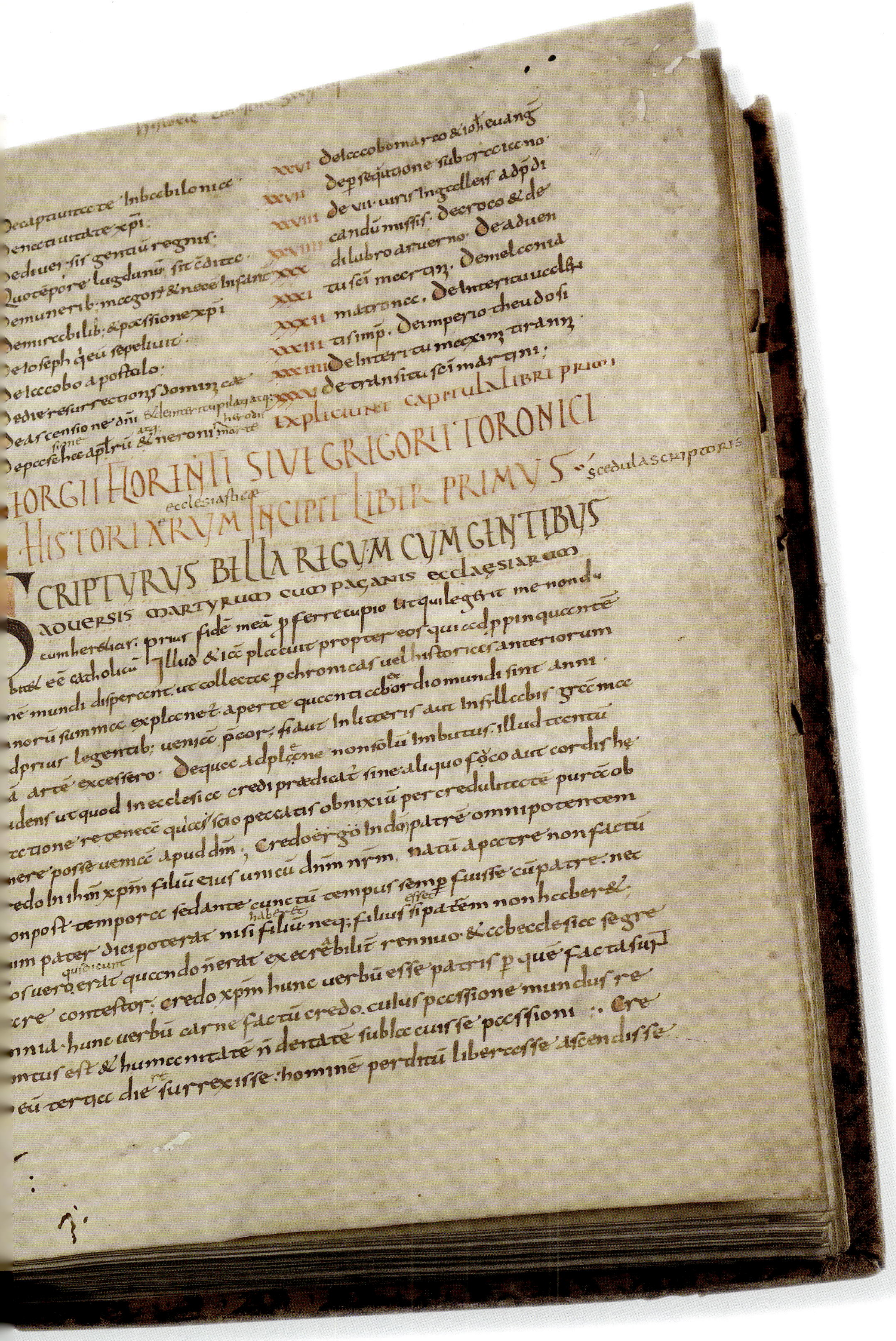

ort, Kapitelverzeichnis und Beginn des 1. Buches von Gregors von Tours *Decem libri historiarum*

SIZI SIZI BINA

Der „Lorscher Bienensegen“

Handschrift 220 aus dem Palatina-Fonds der Apostolischen Bibliothek im Vatikan gehört zu den spannendsten Manuskripten aus der Lorscher Klosterbibliothek – auf den ersten Blick nicht so sehr wegen der Texte, sondern wegen der vielen Zusätze: Sie reichen von einer Darstellung Christi über einige eingeritzte Randbemerkungen bis hin zu einer der seltenen althochdeutschen Überlieferungen, die das Kloster Lorsch zu bieten hat: Mitten im Text der *Visio Sancti Pauli* steht ohne jeglichen Bezug zu diesem Text auf dem unteren Rand von Blatt 58r der berühmte „Lorscher Bienensegen“ – und das auch noch kopfständig. Man muss den Codex drehen, um die südrheinfränkischen Verse aus dem 10. Jahrhundert richtig lesen zu können:

kirst imbi ist hucze – nu fliuc du uihu minas hera
fridu frono in munt godes – gisunt heim ti comonne
sizi sizi bina – inbot dir sancte maria
hurolob ni habe du – zi holce nu fluc du
noh du mir nindrinnes – noh du mir nintuuinnest
sizi uilo stillo – uuirki godes uuillon

Christus! Der Schwarm ist draußen! – Nun flieg her, meine Herde,
um in heiligem Frieden unter der Obhut Gottes gesund heimzukommen.

Setz dich, setz dich, Biene! – da gebietet dir die heilige Maria:
Du hast nicht die Erlaubnis dich zu entfernen, in den Wald darfst du nicht fliegen,
du wirst mir weder entwischen noch dich mir entwinden.
Setz dich ganz still hin, wirke Gottes Willen!

Der eindrückliche Rhythmus der sechs Langzeilen, der beschwörende, befehlende Ton, insbesondere der dritten bis fünften Zeile, charakterisieren dieses bekannte althochdeutsche Sprachdenkmal aus der Gattung der Zaubersprüche, die ihre heidnischen Ursprünge noch gut erkennen lassen. Der Spruch ist gewissermaßen „getauft“: Christus wird ganz am Anfang angerufen, Maria gebietet den Bienen, die gehalten sind, nach Gottes Willen zu wirken. Offenbar stimmen die Interessen des Eigentümers der Bienen mit diesem überein. Denn ihm passierte, was heutige Imker – je nach Betriebsweise – entweder vermeiden oder gezielt herbeiführen: das Schwärmen.

Zu viel Brut bei zu wenig Platz und das Auftreten einer neuen Königin sind die Gründe, die schon in der Antike am häufigsten angenommen wurden, um die oft als Konflikt innerhalb eines Volkes missverstandene Teilung, bei der sich eine Kolonie um die jüngere Königin bildet und aus dem Bienenstock ausfliegt, zu erklären. Keiner der griechischen Naturphilo-

sizi sizi bina – Mit dieser beschwörenden Formel fordert ein uns unbekannter Schreiber des 10. Jahrhunderts einen ausgeflogenen Bienenschwarm auf, sich zu setzen (und einfangen zu lassen).

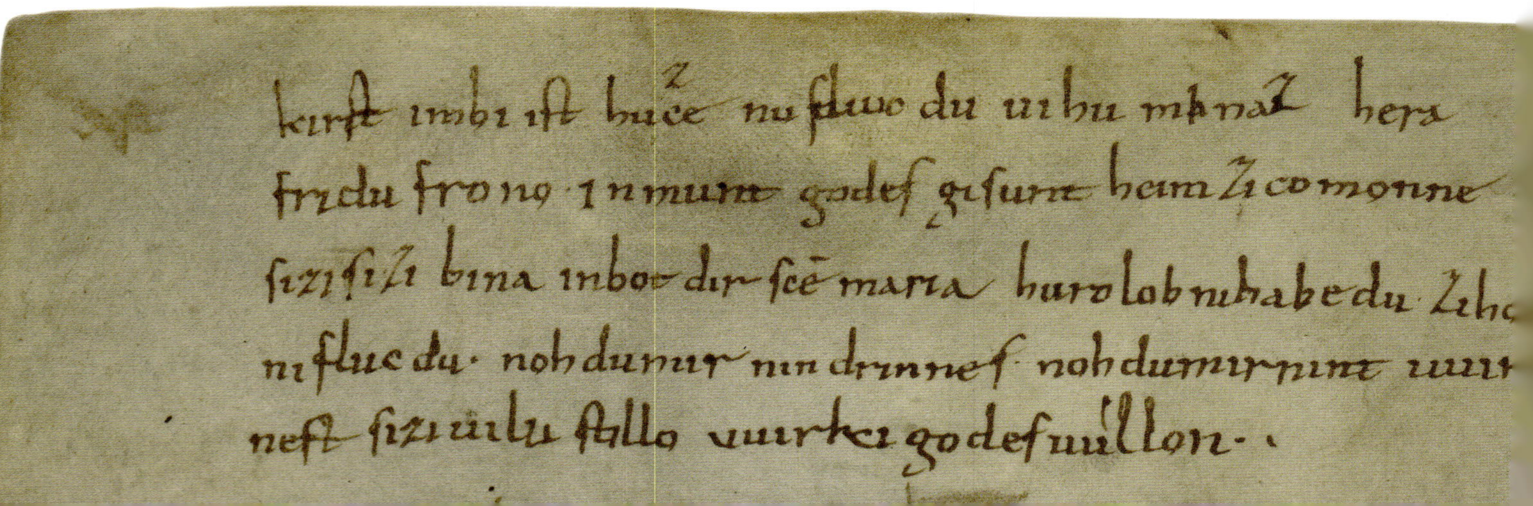
kirst imbi ist hucze nu fliuc du uihu minaz hera
fridu frono in munt godes gisunt heim zi comonne
sizi sizi bina inbot dir sce maria hurolob ni habe du zi hc
ni fluc du noh du mir nindrinnes noh du mir nintuuin
nest sizi uilu stillo uuirki godes uuillon.

sophen und keiner der römischen Agrarschriftsteller haben den Schwarm als natürliche Notwendigkeit erkannt. Auch im 10. Jahrhundert, aus dem der Lorscher Bienensegen stammt, war die Theorie nicht weiter gediehen.

Für den mittelalterlichen Imker war es von großer Wichtigkeit, den Moment des Schwärmens richtig vorhersagen zu können, denn der Schwarm kündigt sich einige Zeit vorher im Verhalten der Bienen an. Fliegt er dann aus, bilden die Bienen eine dichte, summende Wolke, die man gut sehen kann, bis sie sich zunächst ganz in der Nähe, etwa an einem Ast, niederlassen, um dort eine Schwarmtraube um die alte Königin zu bilden. Während Kundschafterbienen das künftige Domizil suchen, ist der Moment gekommen, den der Imker nutzen kann, das ausgeflogene Volk einzufangen, ihm eine neue Beute zur Verfügung zu stellen und es mit nach Hause zu nehmen.

Der Bienensegen beschreibt diesen kurzen, über Erfolg oder Misserfolg entscheidenden Moment nach dem Ausflug des Schwarms und vor dem Niederlassen. *Kirst! imbi ist hucze!* Das ist die Feststellung des Imkers, dass sein Volk schwärmt; *uihu minas* spricht er es an, als seine Herde. Das ist eine wichtige Beobachtung und rückt die Bienenhaltung in die landwirtschaftliche Sphäre. Die Beschwörung, der Schwarm möge gesund wieder heimkommen, begleitet seine Verfolgung über Stock und Stein – die alten Volksrechte erlauben unserem Imker sogar, dabei fremde Grundstücke zu betreten. Dabei hat er alle Hände voll: einen Korb, ein Seil oder gar eine Leiter, ein Rauchgefäß, wenn er vorsichtig ist, Schellen oder Glöckchen, wenn er der antiken Theorie glaubt, dass sich schwärmende Bienen durch rhythmischen, metallischen Klang beruhigen lassen.

Die Imkerei wird auch heute noch auf dem ehemaligen Klostergelände gepflegt.

Das eindrückliche *sizi sizi bina* ist die zentrale Botschaft des Spruchs: Die Bienen sollen sich niedersetzen, also eine Schwarmtraube bilden. Sie sollen nicht in den Wald fliegen, denn dann hätte unser Imker das Volk verloren. Diese Bekräftigung zeigt uns, dass der Imker seine Völker außerhalb des Waldes und somit in künstlichen Behausungen hält. Die Imkerei war damals im Umfeld landwirtschaftlicher Betriebe ebenso eine Selbstverständlichkeit wie im Umfeld größerer grundherrschaftlicher Komplexe, lieferte die Biene doch lange nicht nur den einzigen Süßstoff, sondern auch das Material für Kerzen, aber auch das begehrte Kittharz, das für Medikamente benötigt wurde.

In der Antike wie im Mittelalter stand die Biene hoch im Kurs: Bei der Weihe der Osterkerze war ihr ein feierlicher Hymnus gewidmet. Hymnus und Bienensegen spiegeln die Nähe Mariens zu den Bienen ebenso wie die antike Mythologie, die Bienen als Gefährtinnen der jungfräulichen Göttin Artemis kennt. So spiegelt auch der „Lorscher Bienensegen“ alte Bezüge in ihrer christlichen Umdeutung.

GOTTES WORT IN GOLD UND PURPUR

Das „Lorscher Evangeliar“

Das „Lorscher Evangeliar“, gelegentlich auch „Lorscher Codex“ oder „Lorscher Codex Aureus“ genannt, ist eines der spätesten und zugleich reifsten Produkte der Hofschule Karls des Großen. Es ist also nicht in Lorsch entstanden, sondern am Hof, vielleicht um 810 in der Zeit, als Einhard, der spätere Biograph Karls des Großen, für den Kunstbetrieb der kaiserlichen Pfalz in Aachen zuständig war.

Würde man ein besonders prominentes Beispiel wählen wollen, um zu zeigen, wie die Geschicke einzelner Bücher mit den Geschicken ihrer Besitzer zusammenhängen, so wäre dieses Prachtevangeliar besonders geeignet; denn die Handschrift wurde in der Frühen Neuzeit in vier Teile geteilt und ist heute auf drei disparate Standorte verteilt: London (vorderer Buchdeckel), Alba Iulia (erste Hälfte des Buchblocks), Vatikan (zweiter Buchblock und hinterer Buchdeckel). Auch wäre diese Handschrift ein vorzügliches Exempel für das Weiterwirken der karolingischen Hofschule in späteren Epochen vom 9. bis in das 11. Jahrhundert hinein, man könnte darüber nachdenken, inwieweit Schriften und Miniaturen das Lorscher Skriptorium beeinflusst haben, oder auch, in welchem Verhältnis der mit Gold geschriebene Vulgatatext zu den schmuckloseren Evangeliaren des Lorscher Skriptoriums steht.

Im Rahmen dieser Überlegungen sei die zunächst selbstverständlich erscheinende Bemerkung an den Anfang gestellt, dass es sich bei diesem Evangeliar nicht so sehr um ein Buch der Bibliotheca Laureshamensis, sondern um ein Spitzenstück des Lorscher Kirchenschatzes handelt. Es ist ein besonderen Anlässen vorbehaltenes Objekt menschlicher Kunstfertigkeit, das im liturgischen Geschehen in besonderer Weise „inszeniert“ wurde. Die karolingische Theologie, die sich um 810 noch immer in einer Auseinandersetzung mit der byzantinischen Bilderverehrung befindet, hat mit den *Libri Carolini* zu Positionen gefunden, die damals als *via regia* (Königsweg, Mittelweg) gesehen wurden – zwischen den extremen Positionen einer völligen Ablehnung bildlichen Schmuckes in Gebäuden, Büchern oder auf liturgischen Gefäßen und einer (vermeintlich?) missbräuchlichen kultischen Verehrung von Kunstobjekten. Nach den *Libri Carolini* ist es möglich, vor Objekten aus menschlicher Produktion das Knie zu beugen, wenn sie denn medialen Charakter haben, also mittelnd zwischen Gott und Mensch stehen: Das Zeichen des Kreuzes, die von einem Reliquiar umschlossene Reliquie eines Heiligen und die *vasa sacra* sind solche Medien wie auch die Bücher der Heiligen Schrift, insbesondere natürlich die der vier Evangelien. Das „Lorscher Evangeliar“ wirkt dabei wie ein kostbarer Schrein aus Elfenbein, der einen noch viel kostbareren Inhalt in sich schließt.

Die vier Evangelien enthalten die in der Frühzeit der Kirche für authentisch gehaltenen Informationen über Geburt, Leben, Passion, Tod und Auferstehung des Messias, das Herabsteigen des göttlichen Logos in die Natur des Menschen, die letzte große Selbstoffenbarung Gottes in Jesus Christus seit der Schöpfung und des Ereignisses auf dem Sinai. Damit wird aber auch die Verortung des zeitlichen Hier und Jetzt innerhalb des göttlichen Heilsplanes und der auf Endlichkeit hin angelegten Geschichte der „Welt“ angesprochen.

Wir, die wir in der heutigen Zeit leben, wissen, ob wir uns auf der Seite des Guten oder des Bösen befinden, die Evangelien erinnern uns regelmäßig an die Möglichkeit von Umkehr und Neuorientierung. Die Elfenbeinreliefs auf dem Einband des Lorscher Evangeliars mögen in diesem Sinne „gelesen“ werden. Die Vorderseite präsentiert die Geburt Christi und den

Knaben auf dem Schoß seiner Mutter Maria; die Rückseite zeigt den jugendlich wirkenden, apokalyptischen Christus in richterlicher Pose, dazwischen, als Miniatur vor dem Beginn des Matthäusevangeliums Christus als Weltenherrscher. Mit dem Eintauchen Gottes in die Natur des Menschen beginnt – das ist die Botschaft – das letzte Weltzeitalter, das mit einer vierten Selbstoffenbarung Gottes enden wird: in der Situation des Jüngsten Gerichtes. Endzeitliche Spekulationen durchziehen das achte und neunte Jahrhundert; die Menschen wähnen sich am Ende einer alt gewordenen Welt. Die Elfenbeine des Evangeliars rufen als Bildwerke den Betrachter dazu auf, sich dieses Rahmens kreatürlicher Existenz bewusst zu werden.

Sogenannte Christustafel aus Elfenbein (Hofschule Karls des Großen), die ursprünglich die Rückseite des Einbandes zierte

Zierseite zum Beginn des Johannesevangeliums

Der Evangelist Johannes als Autor, über ihm der Adler als sein Symbol

VON STUDIEN, DEKOR UND BILD

Buchmalerei in Lorsch

In einem leistungsstarken Skriptorium, das wie das des Klosters Lorsch äußerst qualitätvolle Handschriften hervorgebracht hat, möchte man gerne auch eine rege Buchmalereitätigkeit vermuten – zumal das Skriptorium nicht allein die eigene Bibliothek bereicherte, sondern wohl auch auf Bestellung geistlicher und königlicher Auftraggeber arbeitete. Bis heute ergibt sich jedoch kein zusammenhängendes Bild über die Voraussetzungen und Ausprägungen der Lorscher Buchmalerei, vielmehr gewinnt man den Eindruck von ambitionierten, wenngleich episodenhaften Schaffenszeiträumen.

Genau in den Phasen reger Schreibtätigkeit im Skriptorium wurden Lorscher Handschriften auch mit Buchschmuck – seien es kostbare Initialen mit aufwendigem Rankenwerk und Gold- und Silberauflagen, Federzeichnungen oder Miniaturen in feinster Deckfarbenmalerei – verziert. Über die Jahrhunderte hinweg scheint der Buchschmuck unter vergleichbaren Rahmenbedingungen entstanden zu sein. Immer wieder wurde das Schaffen durch Impulse von außen angeregt, entweder indem kostbare Handschriften ins Kloster gelangten und den mit der Buchmalerei befassten Mönchen als Vorbild dienten, oder indem auswärtige Miniaturisten zumindest vorübergehend anwesend waren und ihre Kunstfertigkeiten vermitteln konnten.

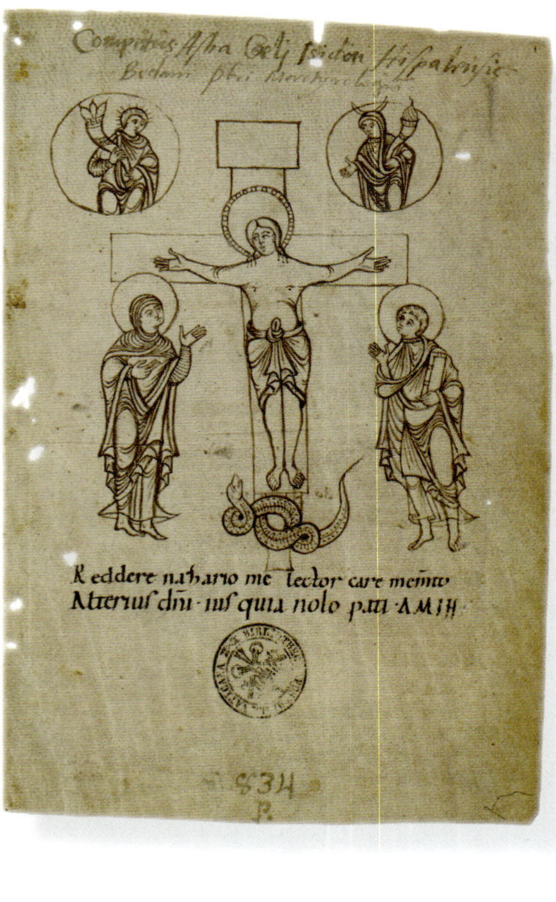

Die Zeichnung der Kreuzigung Christi wurde im späten 9. Jahrhundert nachträglich auf ein vorderes Schutzblatt eingetragen.

Von der Rezeption buchkünstlerischer Vorlagen auswärtiger Provenienz zeugen in besonderer Weise auch jene Federzeichnungen aus spätkarolingischer Zeit, die gleich in mehreren Lorscher Codices erhalten sind. Diese Zeichnungen weisen keinen Bezug zum Text der Handschriften auf und sind daher als Muster oder Übungsstücke zu verstehen, mit denen einzelne Bildkompositionen, die Körperhaltung bestimmter Figuren und Gewanddrapierungen für eine spätere Weiterverwendung festgehalten wurden. Unter ihnen findet sich im Vatikan die Zeichnung eines thronenden Christus (Pal. lat. 1719), in der Heidelberger Universitätsbibliothek die Darstellung eines sich in die Lüfte erhebenden Engels (Cod. Pal. lat. 864) und in verschiedenen Handschriften Heiligenfiguren und Kreuzigungsszenen. Auch aus dem 11. Jahrhundert gibt es Marginalzeichnungen, wie das Brustbild eines gekrönten Herrschers (Pal. lat. 1719).

Bereits in der Gründungszeit des Skriptoriums unter Abt Richbod (784–804) entstanden die ersten buchkünstlerisch gestalteten Handschriften, die, ganz im Stil ihrer Zeit, von der insularen Initialornamentik geprägt sind. Dieser Stil hatte sich seit dem 7. Jahrhundert, quasi im Gepäck der irischen und später angelsächsischen Missionare, auf dem Kontinent verbreitet. Beispielhaft ist der prachtvoll ausgeschmückte Beginn des Hieronymus-Kommentars zum Matthäusevangelium in einer Handschrift der Vatikanischen Bibliothek (Pal. lat. 177): Über die gesamte Seitenhöhe ragt hier eine farbig gearbeitete Flechtband-Initiale nebst eingeflochtenen Tierkörpern als Zierwerk.

Mit dem „Jüngeren Lorscher Stil", gemeint sind hier die Merkmale der verwendeten Schrift, verbindet sich in Lorsch die Buchkunst des 9. Jahrhunderts. Sie ist aufs Engste mit dem an der Hofschule Karls des Großen um 810 gefertigten „Lorscher Evangeliar" verbunden, das kurz nach seiner Entstehung dem Kloster geschenkt wurde. Die buchmalerische Ausstattung des Evangeliars, die Evangelistenbilder, Rahmenornamentik und Kanontafeln gleichermaßen umfasst, wird bald darauf von Malern in Lorsch rezipiert und sogar assimiliert, genauso wie sie das antikisierende Formenvokabular der Hofschule aufgreifen.

Auch noch im dritten Viertel des 9. Jahrhunderts lässt sich die Auseinandersetzung mit dem „Lorscher Evangeliar" beobachten. Dabei werden die vorgefundenen Schmuckmotive wie Medaillonrahmen oder Säulenstellungen zu neuen Bildkonzepten verbunden und geben damit einen Eindruck von der herausragenden künstlerischen Qualität der Lorscher Maler dieser Jahre. Dies belegen jedenfalls die beiden Fragmente eines ehemals prachtvollen Sakramentars in den Universitätsbibliotheken Erlangen (Ms. 2000) und Augsburg (Cod. I.2.4°1), deren gerahmte Inititalzierseiten mit Gold und Purpur tradierte Motive in ungewohnter Weise tiefenräumlich arrangieren.

Im 11. Jahrhundert schließlich gelangte die Lorscher Initial- und Miniaturkunst zu einer zuvor nicht bekannten Pracht. Die Initialzündung hierzu gab Abt Saleman (972–999), der dem bedeutendsten Maler der Zeit, dem „Meister des Registrum Gregorii" (Gregormeister), den Auftrag für ein Sakramentar zum Gebrauch in Lorsch erteilte. Außer dieser Handschrift, die heute im Musée Condé in Chantilly (Ms. 40/1447) aufbewahrt wird, verfügte Lorsch allem Anschein nach noch über weitere Handschriften, die dieser Miniaturist ausgemalt hatte. Nach diesen Vorlagen entstanden dann ab der Jahrhundertmitte eine Reihe von Handschriften, die nach ihrem Stifter, wahrscheinlich Abt Udalrich von Lorsch, als Oudalricus-peccator-Gruppe bezeichnet ist. Bemerkenswert sind vor allem drei Handschriften, deren Evangelistenbilder auf einen verlorenen Zyklus des Gregormeisters zurückgeführt werden: die Codices in der Aschaffenburger Hofbibliothek (Ms. 20, verschollen), der British Library in London (Harley 2970) sowie in der Bayerischen Staatsbibliothek München (Clm 23630).

Betrachtet man den Buchschmuck in Lorscher Handschriften insgesamt, so lässt sich trotz spezifischer Eigenarten in Ornamentik und Malstil keine eigenständige Buchmalereischule mit einer kontinuierlichen Tradition erkennen. Es ist allerdings schwer zu sagen, ob wir heute nur noch ein sehr verzerrtes Bild von der Buchmalerei in Lorsch haben, da vermutlich große Teile verloren gegangen sind.

Die ganzseitige P-Inititale zeigt mit Flechtbandmotiv und Tierköpfen an den Enden typische Zierelemente der frühen karolingischen Buchkunst.

Antikisierende Säulenstellungen rahmen die Kanontafeln des „Seligenstädter Evangeliars“ (Lorsch, 9. Jahrhundert).

Schmuckseite für den Beginn des Hochgebets *Te igitur* in einem Sakramentar (Lorsch, 9. Jahrhundert)

GESUNGENER GOTTESDIENST

Lorscher Musiküberlieferung

Das monastische Leben sah und sieht regelmäßige Gottesdienstfeiern vor. Obwohl die Überlieferungssituation musikalischer Zeugnisse aus Lorsch recht dürftig und im Gegensatz zu Klöstern wie Sankt Gallen oder der Reichenau noch wenig erschlossen ist, kann deshalb vorausgesetzt werden, dass auch im Kloster Lorsch die (gregorianische Choral-)Musik ihren festen Platz hatte.

Erhalten hat sich ein Sequentiar, das heute in der Österreichischen Nationalbibliothek in Wien (Cod. 1043) aufbewahrt wird: Auf den acht Blättern des schmalen Büchleins sind um die erste Jahrtausendwende Sequenzen, das heißt von zwei respondierenden Chören gesungene liturgische Gesänge, chronologisch nach dem Verlauf des Kirchenjahres in Wort und Ton notiert worden. Die Mönche schrieben die Melodien in Form von Neumen, der ältesten Art von Musiknoten, neben den Text in eine eigene Spalte. Zu zahlreichen Stücken verzeichneten sie außerdem einen Melodienamen, mit dem eine bekannte Gesangsweise aus dem Repertoire bestimmt wurde, zum Beispiel auf Bl. 7r *Occidentana* zur Pfingstsequenz des Notker Balbulus († 912).

Ansonsten sind liturgische Gesänge und neumierte Texte aus Lorsch nur verstreut, hauptsächlich auf Fragmentblättern und in Nachträgen, überliefert. Ein Fragmentdoppelblatt aus einem ehemaligen Graduale des 11. Jahrhunderts hat sich im Fürstlich Leiningenschen Archiv in Amorbach erhalten: Es bietet Kirchengesänge für Gottesdienste im September und November sowie für eine Totenmesse, die Neumen wurden hier zwischen den Zeilen oberhalb des Textes eingetragen.

Trotz der schmalen Überlieferung entstand ein Zeugnis für die Lorscher Neumenschrift

Auf einer Miniatur in einem Lorscher Psalter aus der Mitte des 11. Jahrhunderts singt und musiziert König David mit den vier Psalmendichtern Aethan, Idithun, Heman und Asaph.

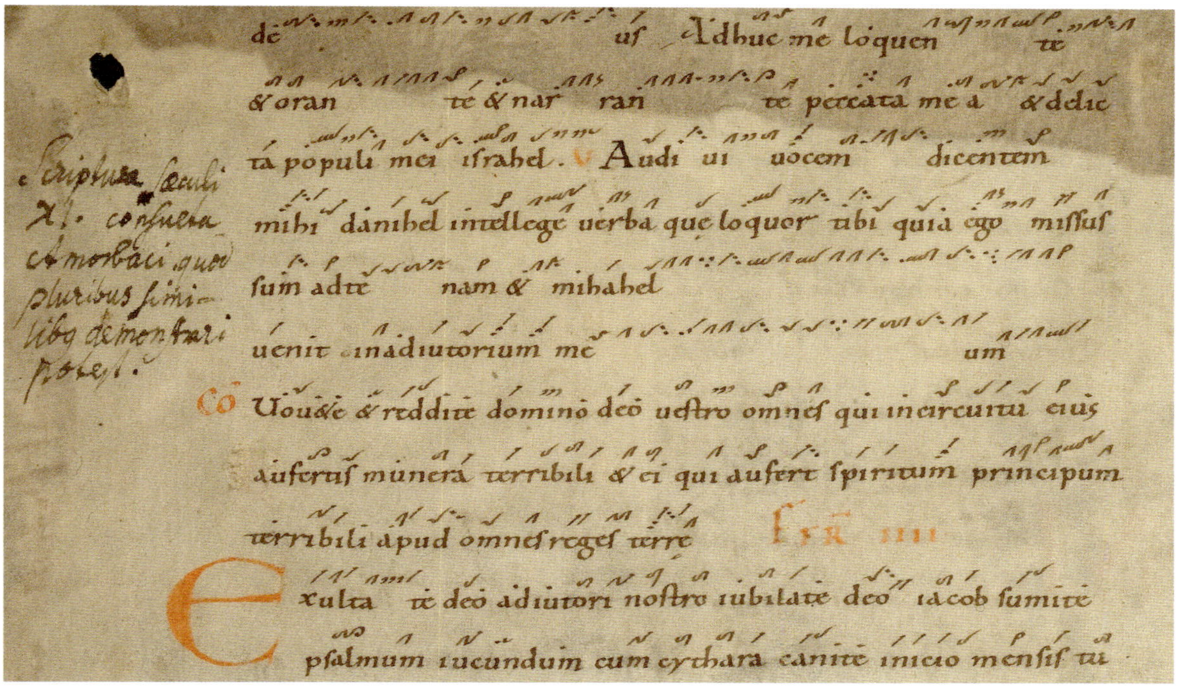

Fragment eines liturgischen Gesangbuchs mit Neumen (Lorsch, 2. Drittel des 11. Jahrhunderts), hier mit Messgesängen zum 17. Sonntag nach Pfingsten und für den folgenden Mittwoch (*Feria IIII*) der Quatemberwoche im September

vielleicht schon im dritten Viertel des 9. Jahrhunderts; der vatikanische Codex Pal. lat. 485 enthält unter anderem den Text des in der Osternacht gesungenen Exsultet: Falls die auf Bl. 48v über vier Wörtern – *o mira circa nos* – eingetragenen Neumen keine Nachträge sind, sondern aus der Entstehungszeit der Handschrift stammen, liegt uns hiermit eines der ältesten Zeugnisse für die erst im 9. Jahrhundert entwickelten Neumen vor.

In der Lorscher Bibliothek befanden sich auch einige musiktheoretische Werke, zum Beispiel Bernos von der Reichenau († 1048) umfangreicher Prolog zu seinem Tonarius, in dem die liturgischen Gesänge nach den acht Kirchentonarten angeordnet sind; der Codex wird heute in der Biblioteca Apostolica Vaticana (Pal. lat. 1344) aufbewahrt, dazugehörige Fragmente im Stiftsarchiv von St. Paul im Lavanttal (Cod. 110/6). Mehrere Werke spätantiker Autoren wie beispielsweise des Boethius, die dem Mittelalter musiktheoretisches Wissen vermittelten, sind ebenfalls aus Lorsch überliefert. Das völlige Fehlen von bekannten Lorscher Musiknotationen auf Linien, die sich ab dem 11. Jahrhundert aus den Neumen entwickelten, könnte als Indiz für den auch anderweitig bezeugten Niedergang des Klosters etwa seit dem Ende der Salierzeit gewertet werden.

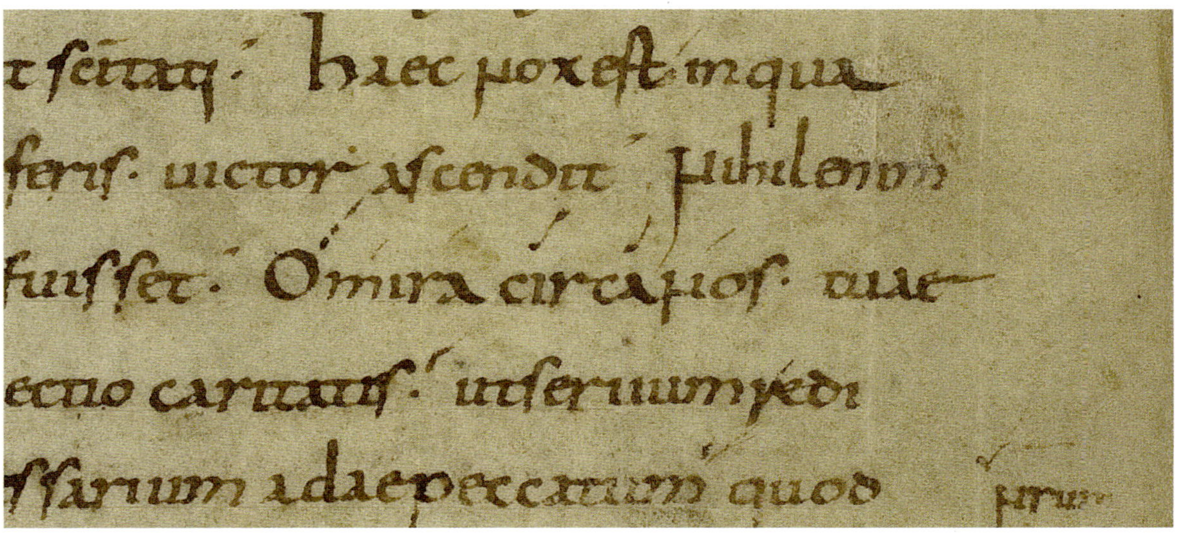

Text des in der Osternacht gesungenen Exsultet oder Osterlobes: Der Ausschnitt zeigt eine kleine Passage mit Neumen über *o mira circa nos*, die vielleicht zeitgleich zum Text um 860–875 notiert wurden.

KEIN HEIMLICHER SCHATZ

Handschriftendigitalisierung an der Universitätsbibliothek Heidelberg

Ein Blick in das Digitalisierungszentrum der Universitätsbibliothek Heidelberg. Neben mehreren leistungsfähigen Scannern für historische Druckschriften werden hier zwei „Grazer Buchtische" speziell für die Digitalisierung wertvoller mittelalterlicher Handschriften eingesetzt.

Mittelalterliche Handschriften mit modernen digitalen Techniken im Internet zu präsentieren ist angesichts des immensen Wertes der Codices keine einfache Aufgabe. Es gilt dabei, sich im Spannungsfeld zwischen Bewahren und Vermitteln zu positionieren. In Heidelberg setzten Überlegungen dazu schon vor über zwölf Jahren ein. Heute hat sich die Universitätsbibliothek mit ihren in den vergangenen Jahren durchgeführten Digitalisierungsprojekten deutschlandweit eine vielfach Vorbild gebende Kompetenz erworben.

Das Herzstück des Heidelberger Digitalisierungszentrums ist der mit einer hochauflösenden Kamera ausgestatte Kameratisch „Grazer Modell". Diese speziell zur Bearbeitung von Handschriften entwickelte Apparatur ermöglicht eine kontaktlose Direktdigitalisierung fragiler Objekte auf äußerst schonende Weise. Der Codex wird mit Hilfe eines Laserstrahls exakt positioniert, das aufgeschlagene Blatt jeweils durch den milden Sog einer Unterdruckeinrichtung fixiert. Durch eine spezielle Konstruktion schaut dabei die Kamera immer im rechten Winkel auf das Blatt, so dass Verzerrungen minimiert werden.

Um einen reibungslosen und übersichtlichen Arbeitsablauf zu gewährleisten, entwickelte die Universitätsbibliothek Heidelberg die Workflow-Software „DWork – Heidelberger Digitalisierungsworkflow". Das Programm ermöglicht die automatische Abwicklung sämtlicher Einzelschritte von der Metadatenerstellung über die Generierung der Internetpräsentation bis hin zur Langzeitarchivierung. Eine Nachbearbeitung mit professionellen Bildbearbeitungsprogrammen gewährleistet, dass das digitale Faksimile so weit wie möglich dem Original entspricht.

Die Online-Präsentation der Codices lässt keine Wünsche offen. Ausgehend von einer Einstiegsseite, die neben den bibliographischen Informationen – wie Signatur, Autor, Titel, Herstellungsort und Datierung – auch das Inhaltsverzeichnis mit einzeln anwählbaren Kapitelüberschriften umfasst, lässt sich die Handschrift gezielt an einer bestimmten Textstelle „öffnen". Eine Vorschaufunktion ermöglicht die schnelle Orientierung innerhalb einer Handschrift. Jede einzelne Seite kann per Zoomfunktion mehrfach vergrößert werden, so dass alle Details – etwa schwer lesbare Textteile oder besonders feinteilige Buchmalerei – analysiert werden können.

Jede Seite des virtuellen Buches kann ausgedruckt, jede Handschrift als PDF-Datei auf den eigenen Rechner geladen werden. Auch lassen sich Seiten oder Schriftproben von Handschriften direkt nebeneinander auf dem Bildschirm vergleichen. Den Manuskripten ist zudem eine wissenschaftliche Beschreibung beigefügt, die alle kodikologischen Informationen, wie beispielsweise zur Provenienz, zum Aufbau des Codex, zu den verwendeten Schriftarten oder zum enthaltenen Buchschmuck festhalten.

Bereits seit dem Jahr 2009 kann der größte Schatz der Universitätsbibliothek Heidelberg, die 848 deutschsprachigen Handschriften der weltberühmten Bibliotheca Palatina ohne Einschränkungen online genutzt werden. Darunter befinden sich solche Zimelien wie der „Codex Manesse“ oder der „Sachsenspiegel“. Weitere wertvolle Handschriften, zum Beispiel aus dem Zisterzienserkloster Salem am Bodensee, stehen ebenfalls als digitales Faksimile zur Verfügung. Die Universitätsbibliothek Heidelberg arbeitet weiter an dem Ziel, irgendwann einmal die gesamte in ihren Tresoren bewahrte handschriftliche Überlieferung der Forschung und dem interessierten Laien mit den Mitteln der Digitalisierung orts- und zeitunabhängig zur Verfügung zu stellen.

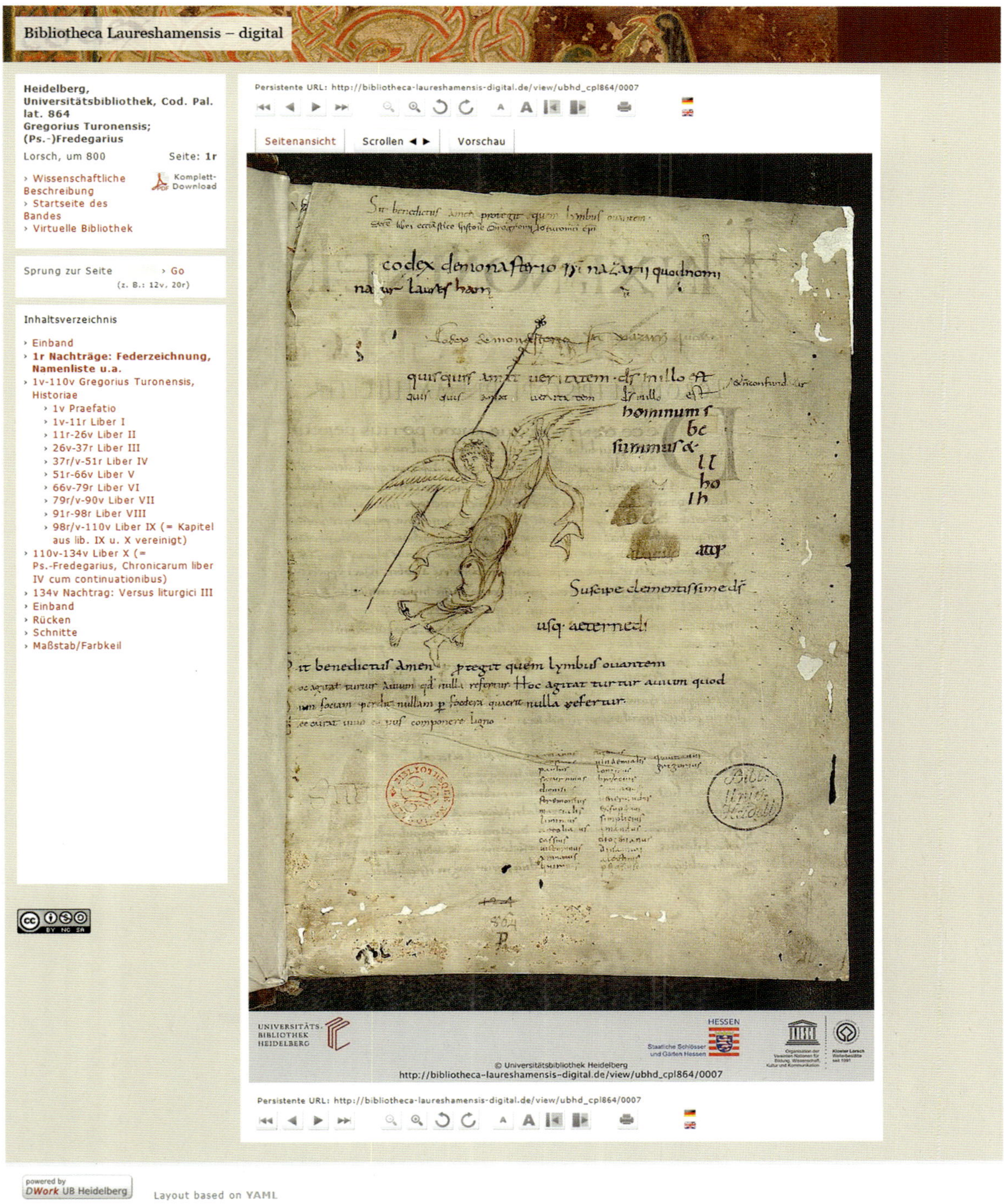

Jede digitalisierte Handschrift ist über eine zitierfähige Internetadresse online einsehbar. Hier kann geblättert, gezoomt und entziffert werden.

„AUSSENSTELLE“ ROM

Digitalisierung in der Biblioteca Apostolica Vaticana

Im Rahmen des Projektes wurden alle Bibliotheken und Archive in Europa und Amerika, die im Besitz einer Lorscher Handschrift oder eines Fragmentes sind, um Kooperation gebeten. In den meisten Fällen übernehmen diese die Digitalisierung der kostbaren Handschriften und Fragmente in ihren eigenen Digitalisierungszentren und stellen digitale Reproduktionen für die Virtuelle Klosterbibliothek zur Verfügung. Handschriften, deren besitzende Institutionen die Digitalisierung nicht selbst durchführen können, werden von der Universitätsbibliothek Heidelberg digitalisiert.

Eine der größten Herausforderungen im Rahmen der virtuellen Rekonstruktion des Lorscher Bibliotheksbestandes war die Digitalisierung der Handschriften, die heute in der Biblioteca Apostolica Vaticana aufbewahrt werden. Es handelt sich hierbei um 133 Manuskripte, also um den mit Abstand größten Bestand an aus Lorsch erhaltenen Codices. Dieser kostbare Teil der Bibliothek war 1622/23 mit der Heidelberger Bibliotheca Palatina nach Rom gelangt, nachdem er Mitte des 16. Jahrhunderts durch den Pfalzgrafen Ottheinrich aus Lorsch weggeführt worden war.

Bis auf wenige Ausnahmen waren zu Projektbeginn alle Handschriften noch nicht digitalisiert, so dass Neuaufnahmen angefertigt werden mussten. Auf der Grundlage einer Kooperationsvereinbarung mit der Biblioteca Apostolica Vaticana bekam die Universitätsbibliothek Heidelberg die Erlaubnis, die Digitalisierung der Lorscher Handschriften vor Ort in Rom in Eigenregie durchführen zu dürfen.

Und so wurde im November 2010 in der Via della Conciliazione eine „Außenstelle“ des Heidelberger Digitalisierungszentrums eingerichtet – zwar außerhalb der Vatikanstadt, aber in Räumlichkeiten der Biblioteca Apostolica Vaticana. Hierzu wurde das nötige Equipment

In unmittelbarer Nähe zum Petersdom in der Via della Conciliazione (im zweiten Haus von links) wurden die Lorscher Handschriften aus der Biblioteca Apostolica Vaticana von dem Heidelberger Digitalisierungsteam bearbeitet.

sowie ein eigens für das Projekt angefertigter „Grazer Buchtisch" nach Rom transportiert und dort aufgebaut. Für kleinformatigere Bände und Fragmente diente ein kompakteres Modell des Grazer Kameratisches, der „Traveller".

Ein Team aus fünf deutschen Studenten, die sich gerade im Rahmen eines Erasmus-Stipendiums in Rom aufhielten, wurde für die Arbeit am „Grazer Buchtisch" ausgebildet. So konnten unter der Leitung einer Mitarbeiterin der Heidelberger Universitätsbibliothek alle 133 Codices innerhalb von nur acht Monaten digitalisiert werden. Einmal pro Woche wurden je nach Größe und Umfang vier bis sieben Handschriften aus den vatikanischen Tresoren in den klimatisierten und abgedunkelten Aufnahmeraum des Heidelberger Digitalisierungsstudios transportiert, wo sie sorgfältig fotografiert wurden. Anschließend wurden alle Aufnahmen anhand der originalen Handschrift auf Vollständigkeit und Qualität überprüft. Fehlende oder den Qualitätsansprüchen nicht genügende Seiten wurden unmittelbar nachdigitalisiert, um eine originalgetreue Reproduktion des Buches sicherzustellen. Bei diesem straffen Arbeitsprogramm blieb für das Team nur wenig Zeit, die faszinierende Vielfalt der kostbaren Handschriften, das knisternde Pergament, die prächtigen Miniaturen oder die kunstvollen Einbände zu bewundern.

Die Datenlieferung nach Heidelberg erfolgte per Kurier. Im Abstand von jeweils ein bis zwei Monaten wurden die in der Zwischenzeit digitalisierten Aufnahmen auf mobile Festplatten übertragen und so die mehrere Terrabyte umfassende Datenmenge jeweils zeitnah mit dem Flugzeug nach Heidelberg verbracht. Somit hatten die digitalen Reproduktionen der Handschriften knapp 400 Jahre nach dem mühevollen Abtransport der Originale über die Alpen für den Rückweg eine weitaus bequemere Reise.

Die Digitalisierung aller Lorscher Codices in Rom lieferte einerseits einen Beitrag zum Auftakt der umfangreichen Digitalisierungspläne der Biblioteca Apostolica Vaticana, die in den kommenden Jahren ihre 80.000 Handschriften komplett digitalisieren möchte. Andererseits führte sie aber auch zu einer langfristigen Kooperation zwischen der Universitätsbibliothek Heidelberg und der Vatikanischen Bibliothek im Bereich der Handschriftendigitalisierung.

Eine Erasmus-Studentin digitalisiert eine Lorscher Handschrift am „Grazer Buchtisch".

EINBLICK GEWÄHREN UND ÜBERBLICK BEHALTEN

Erschließung der Handschriften

Die in die „Bibliotheca Laureshamensis – digital" aufgenommenen Manuskripte werden unter kodikologischen und inhaltlichen Aspekten erschlossen. Ziel ist es, den aktuellen Forschungsstand wiederzugeben. Hierfür werden auf der Basis bereits bestehender Kataloge und grundlegender Sekundärliteratur Beschreibungen zu jedem Manuskript erstellt. Sie enthalten insbesondere Angaben zur Entstehungs- und Besitzgeschichte, zum Äußeren, zur Schrift wie auch zum Inhalt der Handschriften. Die ermittelten Informationen werden in eine Datenbank eingespeist, über die man die Lorscher Codices systematisch im Internet durchsuchen kann. Außerdem werden sie als PDF-Dateien in die Präsentation der Handschriftendigitalisate eingebunden.

Die Erschließung von Handschriften ist eine spannende Aufgabe. Da heute übliche Impressumsangaben zu Entstehungsort und -zeit oder Angaben zum Inhalt, oftmals selbst Nennungen des Verfasser und des Buchtitels, im Mittelalter in der Regel nicht für nötig erachtet wurden, müssen diese Informationen häufig in mühsamer und aufwendiger Recherchearbeit erschlossen werden. Hinzu kommt eine kulturhistorisch relevante, jahrhundertelange Benutzungsgeschichte, die es zu dokumentieren gilt, etwa um festzustellen, welche Handschriften ein späterer Autor als Quellen verwendet hat. Aber auch ein solcher Leser und Verwerter der handschriftlichen Texte hat sich nur selten namentlich in den Codices verewigt und ist oftmals nur über umfangreiche Forschungen anhand von Indizien zu identifizieren.

Um dem Wissenschaftler, der an eine Handschrift verschiedene Fragen stellen kann, die Arbeit zu erleichtern, werden für die Lorscher Manuskripte alle wichtigen Informationen aufgrund vorhandener Vorarbeiten, nach ergänzender Prüfung anhand des Digitalisats, zusammengestellt. So kann er einen von ihm als Quelle genutzten Codex rasch einordnen oder auch den Gesamtbestand der Lorscher Handschriften leicht überblicken. Durch die Einspielung der Handschriftenbeschreibungen in eine Datenbank kann er außerdem, über eine Art elektronisches Register, bequem prüfen, ob sich unter den Lorscher Codices ein für seine Forschungen relevantes Stück befindet, oder sich ein Corpus von ihn interessierenden Manuskripten zusammenstellen. Erforscht man etwa die Überlieferung eines bestimmten Autors, führt die Eingabe von beispielsweise dem karolingischen Gelehrten „Alkuin" (oder

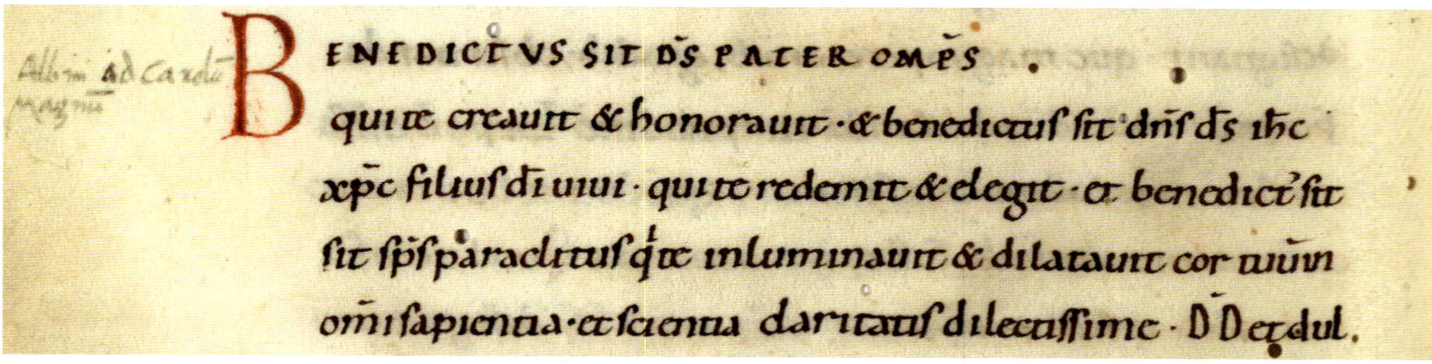

Beginn des Briefes Alkuins (um 730–804) an Karl den Großen (747/48–814) über die Bezeichnung der drei Sonntage Septuagesima, Sexagesima und Quinquagesima der Vorfastenzeit. Am Rand findet sich eine neuzeitliche Textidentifizierung mit einer Namensvariante von Alkuin: *Albini ad Carolum Magnum* – „[Brief] des Albinus an Karl den Großen".

auch den zahlreichen Namensvarianten wie zum Beispiel „Alchuinus“, „Flaccus“, „Albinus“) zu einer Trefferliste mit Handschriften aus der Virtuellen Klosterbibliothek Lorsch, die über einen einfachen Klick weiter eingegrenzt werden kann, zum Beispiel nach Entstehungszeit oder -ort, nach Textgattungen und anderem mehr. Über die Möglichkeit der kombinierten Suche können differenzierte Rechercheanfragen auch direkt gestellt werden. Alle Handschriftenbeschreibungen in der Datenbank sind mit der Präsentation der digitalisierten Handschrift verlinkt, so dass man alle Erschließungsinformationen direkt nachvollziehen und überprüfen kann.

Haben Sie Lust bekommen, die Lorscher Handschriften eingehender zu erforschen? Dann starten Sie Ihre Recherche doch zum Beispiel mit der Eingabe von „Zauberspruch“ unter der Suchkategorie „Schlagwort“. Selbst wenn Sie kein Imker sind und Ihren Honig nicht selbst herstellen, könnte es für Sie interessant sein, einen deutschen Text, der älter als tausend Jahre ist, anhand eines Originalzeugnisses nachzusprechen. Oder interessiert es Sie, was mittelalterliche Schreiber über ihre Tätigkeit dachten? Dann führt Sie die Suche nach „Schreibervermerk“ in der Kategorie „Schlagwort“ zu Aussagen wie *Tres digiti scribunt, duo oculi vident, una lingua loquitur, totum corpus laborat.*

Suchmaske der für die Virtuelle Lorscher Bibliothek in Zusammenarbeit mit dem Bibliotheks-service-Zentrum Baden-Württemberg entwickelten Datenbank

WEITERFÜHRENDE LITERATUR

Aris, Marc-Aeilko, Peter Engels, Hermann Schefers u. Sebastian Scholz: *Lorsch*, in: Friedhelm Jürgensmeier u. Franziskus Büll (Bearbb.): *Die benediktinischen Mönchs- und Nonnenklöster in Hessen* (Germania Benedictina 7), St. Ottilien 2004, S. 768–853.

Bergmann, Rolf: *Lorscher Glossenhandschriften*, in: ders. u. Stefanie Stricker (Hgg.): *Die althochdeutsche und altsächsische Glossographie. Ein Handbuch*, 2 Bde., Berlin/New York 2009, Bd. 2, S. 1301–1305.

Berschin, Walter: *Althochdeutsche Sprachdenkmäler. Lorscher Bienensegen und Lorscher Beichte. Vat. Pal. lat. 220 und 485*, in: ders.: *Die Palatina in der Vaticana. Eine deutsche Bibliothek in Rom*, Stuttgart/Zürich 1992, S. 47f.

Bischoff, Bernhard: *Die Abtei Lorsch im Spiegel ihrer Handschriften* (Geschichtsblätter Kreis Bergstraße. Sonderbd. 10), 2., erw. Aufl. Lorsch 1989 (¹1974 u. 1977).

Büttner, Heinrich u. Johannes Duft: *Lorsch und St. Gallen in der Frühzeit*, Konstanz/Stuttgart 1965.

Falk, Franz: *Beiträge zur Rekonstruktion der alten Bibliotheca fuldensis und Bibliotheca laureshamensis* (Beihefte zum Centralblatt für Bibliothekswesen 26), Leipzig 1902.

Falk, Franz: *Geschichte des ehemaligen Klosters Lorsch an der Bergstraße*, Mainz 1866.

Felten, Franz J.: *Das Kloster Lorsch in der Karolingerzeit. Zur Bedeutung des Mönchtums für die frühmittelalterliche Gesellschaft, Kultur und Politik*, in: Archiv für mittelrheinische Kirchengeschichte 55 (2003), S. 9–30.

Finch, Chauncey E.: *Catalogues and Other Manuscripts from Lorsch*, in: Transactions and Proceedings of the American Philological Association 99 (1968), S. 165–179.

Gemeinde Lorsch (Hg.) unter d. Schriftleitung v. Wolfgang Selzer: *Laurissa jubilans. Festschrift zur 1200-Jahrfeier von Lorsch 1964*, [Lorsch 1964].

Häse, Angelika: *Mittelalterliche Bücherverzeichnisse aus Kloster Lorsch. Einleitung, Edition und Kommentar* (Beiträge zum Buch- und Bibliothekswesen 42), Wiesbaden 2002.

Heimat- und Kulturverein Lorsch (Hg.) unter der Leitung v. Paul Schnitzer: *Beiträge zur Geschichte des Klosters Lorsch* (Geschichtsblätter Kreis Bergstraße. Sonderbd. 4), 2., verb. Aufl. Lorsch 1980 (¹1978).

Hessisches Landesmuseum Darmstadt u. Staatliche Kunstsammlungen Kassel (Hgg.): *Kloster Lorsch. Berichtsband zum interdisziplinären Symposium am 12. und 13. November 1991 im Hessischen Landesmuseum Darmstadt* (Schriften der Hessischen Museen), Darmstadt 1993 = Kunst in Hessen und am Mittelrhein 32/33 (1992/93).

Hessisches Landesmuseum Darmstadt u. Verwaltung der Staatlichen Schlösser und Gärten Hessen (Hgg.): *Kloster Lorsch. Vom Reichskloster Karls des Großen zum Weltkulturerbe der Menschheit. Ausstellung Museumszentrum Lorsch, 28.5.2011–29.1.2012*, Petersberg 2011.

Hoffmann, Hartmut: *Buchkunst und Königtum im ottonischen und frühsalischen Reich*, Text- u. Tafelbd. (MGH Schriften 30.1–2), Stuttgart 1986, Textbd., S. 203–226.

Hoffmann, Hartmut: *Schreibschulen des 10. und 11. Jahrhunderts im Südwesten des Deutschen Reichs. Mit einem Beitrag von Elmar Hochholzer*, Text- u. Tafelbd. (MGH Schriften 53.1–2), Hannover 2004, Textbd., S. 175–182.

Innes, Matthew: *Kings, Monks and Patrons. Political Identities and the Abbey of Lorsch*, in: Régine Le Jan (Hg.): *La royauté et les élites dans l'Europe carolingienne du début du IXᵉ siècle aux environs de 920* (Histoire et littérature régionales 17), Lille 1998, S. 301–313.

Keil, Gundolf u. Paul Schnitzer (Hgg.): *Das Lorscher Arzneibuch und die frühmittelal-*

terliche Medizin. Verhandlungen des medizinhistorischen Symposiums im September 1989 in Lorsch (Geschichtsblätter Kreis Bergstraße. Sonderbd. 12), Lorsch 1991.

Knöpp, Friedrich (Hg.): *Die Reichsabtei Lorsch. Festschrift zum Gedenken an ihre Stiftung 764*, 2 Bde., Darmstadt 1973, 1977.

Lindsay, Wallace M.: *The (Early) Lorsch Scriptorium*, in: ders. (Hg.): *Palaeographia Latina*, Bd. 3 (St. Andrews University Publications 19), London [u.a.] 1924, S. 5–48.

Marrone, Daniela: *Vicende editoriali della pentade liviana 41–45: Dal ritrovamento del codice di Lorsch all'*editio princeps *di Basilea 1531*, in: Maia. Rivista di letterature classiche 61 (2009), S. 353–364.

McKitterick, Rosamond: *The Writing and Copying of History in Carolingian Monasteries: The Example of Lorsch*, in: Flavia De Rubeis u. Walter Pohl (Hgg.): *Le scritture dai monasteri. Atti del II° seminario internazionale di studio "I monasteri nell'alto medioevo". Roma 9–10 maggio 2002* (Acta Instituti Romani Finlandiae 29), Rom 2003, S. 157–177.

Minst, Karl Josef: *Das Königskloster zu Lorsch. Sein Entstehen, Bestehen und Vergehen*, Mannheim 1949.

Münch, Christoph: *Musikzeugnisse der Reichsabtei Lorsch. Eine Untersuchung der Lorscher musikalischen Handschriften in der Bibliotheca Palatina in der Vatikanischen Bibliothek*, Lorsch 1993.

Schauerte, Thomas: *Richbod von Trier. Beiträge zu Leben und Werk. Mit einem Exkurs zur Lorscher Torhalle*, in: Kurtrierisches Jahrbuch 49 (2009), S. 35–66.

Schefers, Hermann: *Das Kloster Lorsch um 850. Anmerkungen zur Bedeutung der Abtei des Heiligen Nazarius zur Zeit der ersten urkundlichen Erwähnung der* villa Geizefurt, in: Gemeindeverwaltung Weeze (Hg.): *Weeze und der Raum an Niers und Kendel im Mittelalter* (Weezer Archiv. Schriftenreihe der Gemeinde Weeze 3), Weeze 2008, S. 7–22.

Schefers, Hermann: *Lorsch und die Karolinger*, in: Bernd Heidenreich u. Klaus Böhme (Hgg.): *Hessen. Geschichte und Politik* (Schriften zur politischen Landeskunde Hessens 5), Stuttgart 2000, S. 49–60.

Schefers, Hermann (Hg.): *Das Lorscher Evangeliar. Eine Zimelie der Buchkunst des abendländischen Frühmittelalters* (Arbeiten der Hessischen Historischen Kommission. N.F. 18), Darmstadt 2000.

Seider, Richard: *Beiträge zur Geschichte der antiken Liviushandschriften*, in: Bibliothek und Wissenschaft 14 (1980), S. 128–152.

Selzer, Wolfgang: *Das karolingische Reichskloster Lorsch*, Kassel/Basel 1955.

Vogtherr, Thomas: *Die Reichsabteien der Benediktiner und das Königtum im hohen Mittelalter (900–1125)* (Mittelalter-Forschungen 5), Stuttgart 2000.

Wehlt, Hans-Peter: *Reichsabtei und König dargestellt am Beispiel der Abtei Lorsch mit Ausblicken auf Hersfeld, Stablo und Fulda* (Veröffentlichungen des Max-Planck-Instituts für Geschichte 28), Göttingen 1970.

Weinfurter, Stefan: *Der Untergang des alten Lorsch in spätstaufischer Zeit. Das Kloster an der Bergstraße im Spannungsfeld zwischen Papsttum, Erzstift Mainz und Pfalzgrafschaft*, in: Archiv für mittelrheinische Kirchengeschichte 55 (2003), S. 31–58.

Weyrauch, Wilhelm: *Zu den Ursprüngen von Lorsch. Die erste Kirche in Lauresham*, in: Geschichtsblätter Kreis Bergstraße 33 (2000), S. 11–64.

Wilmanns, August: *Der Katalog der Lorscher Klosterbibliothek aus dem zehnten Jahrhundert*, in: Rheinisches Museum für Philologie N.F. 23 (1868), S. 385–410.

BILDNACHWEIS

S. 4: Heidelberg, Universitätsbibliothek, Cod. Pal. lat. 864, Bl. 1r
S. 5: http://www.bibliotheca-laureshamensis-digital.de
S. 6: TE Photography, www.thomas-effinger.com
S. 7 oben: TE Photography, www.thomas-effinger.com
S. 7 unten: Hermann Schefers, Lorsch
S. 8: Zeiller, Martin / Merian, Matthäus: Topographia Palatinatus Rheni et vicinarum Regionum, [Frankfurt a. M.], 1645 [ca. 1672], Taf. vor S. 47
S. 9: Vatikan, Biblioteca Apostolica Vaticana, Pal. lat. 1631
S. 10: Vatikan, Biblioteca Apostolica Vaticana, Pal. lat. 1631, Bl. 1v
S. 11: Vatikan, Biblioteca Apostolica Vaticana, Pal. lat. 822, Bl. 118r
S. 12: Vatikan, Biblioteca Apostolica Vaticana, Pal. lat. 1877, Bl. 1r
S. 13: Vatikan, Biblioteca Apostolica Vaticana, Pal. lat. 1877, Bl. 4r
S. 15: von oben nach unten: Vatikan, Biblioteca Apostolica Vaticana, Pal. lat. 170, Bl. 1r; Vatikan, Biblioteca Apostolica Vaticana, Pal. lat. 2, Bl. 4r; Vatikan, Biblioteca Apostolica Vaticana, Pal. lat. 846, Bl. 62v; Darmstadt, Universitäts- und Landesbibliothek, Hs. 1957, Bl. 16r
S. 16: Frankfurt a. M., Universitätsbibliothek, Ms. Barth. 179
S. 17: Wien, Österreichische Nationalbibliothek, Cod. 1140, Bl. 1r
S. 19: Vatikan, Biblioteca Apostolica Vaticana, Pal. lat. 24, Bl. 85v
S. 20: Wien, Österreichische Nationalbibliothek, Cod. 15
S. 21: Wien, Österreichische Nationalbibliothek, Cod. 15, Bl. 1r
S. 22: Heidelberg, Universitätsbibliothek, Cod. Pal. lat. 894, Bl. 104v
S. 23: Heidelberg, Universitätsbibliothek, Cod. Pal. lat. 864, Bl. 1r
S. 24/25: Heidelberg, Universitätsbibliothek, Cod. Pal. lat. 864, Bl. 1v / 2r
S. 26: Vatikan, Biblioteca Apostolica Vaticana, Pal. lat. 220, Bl. 58r
S. 27: Hermann Schefers, Lorsch
S. 29: Vatikan, Museo Sacro, Pal. lat. 50
S. 30: Vatikan, Biblioteca Apostolica Vaticana, Pal. lat. 50, Bl. 70v
S. 31: Vatikan, Biblioteca Apostolica Vaticana, Pal. lat. 50, Bl. 67v
S. 32: Vatikan, Biblioteca Apostolica Vaticana, Pal. lat. 834, Bl. 1r
S. 33: Vatikan, Biblioteca Apostolica Vaticana, Pal. lat. 177, Bl. 1r
S. 34: Darmstadt, Universitäts- und Landesbibliothek, Hs. 1957, Bl. 10r
S. 35: Erlangen, Universitätsbibliothek Erlangen-Nürnberg, Ms. 2000, Bl. 1r
S. 36: Vatikan, Biblioteca Apostolica Vaticana, Pal. lat. 39, Bl. 44v
S. 37 oben: Amorbach, Fürstlich Leiningensches Archiv, Schublade 1 Fragment 23, Bl. 1v
S. 37 unten: Vatikan, Biblioteca Apostolica Vaticana, Pal. lat. 485, Bl. 48v
S. 38: Universitätsbibliothek Heidelberg
S. 39: http://www.bibliotheca-laureshamensis-digital.de/view/ubhd_cpl864/0007
S. 40, 41: Universitätsbibliothek Heidelberg
S. 42: München, Universitätsbibliothek, 4° Cod. ms. 179, Bl. 85v
S. 43: https://hs-lorsch.bsz-bw.de/cgi-bin/koha/opac-search.pl
S. 47: Augsburg, Universitätsbibliothek, Cod. I.2.4° 1, Bl. 1r

Umschlag Außenseite: Vatikan, Biblioteca Apostolica Vaticana, Pal. lat. 499, Bl. 10r
Umschlag vordere Innenseite: TE Photography, www.thomas-effinger.com

Initialzierseite aus einem Sakramentar (Lorsch, 3. Viertel des 9. Jahrhunderts) mit dem Beginn des Messformulars zum Pfingstsonntag: Eine ikonographische Besonderheit sind die Büsten von elf Aposteln im Zierrahmen. Die Feuerzungen über ihren Köpfen sowie das Strahlenbündel am oberen Bildrand veranschaulichen die Aussendung des Heiligen Geistes.

IMPRESSUM

Bibliografische Information der Deutschen Nationalbibliothek:
Die Deutsche Nationalbibliothek verzeichnet diese Publikation in der Deutschen Nationalbibliografie; detaillierte bibliografische Daten sind im Internet über *http://dnb.d-nb.de* abrufbar.

Diese Publikation erscheint anlässlich der Ausstellung „Rückkehr auf Zeit – Zwei Heidelberger Handschriften aus Lorsch am Ort ihrer Entstehung", die vom 11.10.–02.12.2012 in den Räumen des Museumszentrums Lorsch stattfindet.

Ein gemeinsames Projekt der Universitätsbibliothek Heidelberg und der Verwaltung der Staatlichen Schlösser und Gärten Hessen, UNESCO-Welterbestätte Kloster Lorsch.

Projektkoordination und Redaktion: Maria Effinger, Universitätsbibliothek Heidelberg
Texte: Alexandra Büttner, Maria Effinger, Michael Kautz, Margit Krenn, Hermann Schefers, Karin Zimmermann
Layout und Satz: Harald Funke (verlag regionalkultur)

ISBN 978-3-89735-768-6

UNIVERSITÄTS-
BIBLIOTHEK
HEIDELBERG

Organisation der Vereinten Nationen für Bildung, Wissenschaft, Kultur und Kommunikation

Kloster Lorsch
Welterbestätte
seit 1991

HESSEN

verlag regionalkultur
Ubstadt-Weiher • Heidelberg • Neustadt a.d.W. • Basel

Korrespondenzadresse:
Bahnhofstraße 2 • D-76698 Ubstadt-Weiher
Tel. 07251 36703-0 • *Fax* 07251 36703-29
E-Mail kontakt@verlag-regionalkultur.de • *Internet* www.verlag-regionalkultur.de